U0142198

足 球
邁向卓越

Joseph A. Luxbacher 著

國家運動訓練中心 策劃
邱炳坤 主編
許明彰 譯

五南圖書出版公司 印行

Soccer

STEPS TO SUCCESS

(Fourth Edition)

Joseph A. Luxbacher

這本書要獻給我這一生中非常重要的兩個人，一位是我過世的父親，他是我足球的啓蒙，也是最好的教練——佛蘭西師；另一位是我過世的母親——瑪莉·安。父親帶領我認識足球，教導我足球奧妙之處，灌輸我此生對足球的尊重和熱愛；母親，無論我做什麼事都是我最大的支持者，舉凡踢足球、寫書等，她總是在背後給我信心和鼓勵。他們永遠活在我心中。

# 目 次

總序

　　2015年1月1日，國家運動訓練中心改制為行政法人，正式取得法制上的地位。然而，光是法制上的地位並不足以彰顯改制為行政法人的意義；中心未來是否能夠走出一番新的氣象，為國家運動員帶來更完善的服務，才是國家運動訓練中心最重要的任務。

　　中心出版這一系列運動教學叢書之目的，首先是期待展現中心在運動專業領域的投入與付出；其次，也希望透過叢書的發表，讓基層運動教練、甚至是一般民眾，在學習各種專項運動時都能有專業的知識輔助，進而達到事半功倍的效果，以普及國內的運動風氣。

　　率先出版的第一批叢書，係來自美國Human Kinetics出版商的原文書籍；該叢書多年來，獲得國際的好評。中心有幸邀請到沈易利、李佳倫、吳聰義、廖健男、林嘉齡、鍾莉娟、許明彰、楊啓文、范姜昕辰等國內大專校院的教師，代為操刀翻譯，在此要先表達謝意。

　　除了對九位老師的謝意，中心也要向合作夥伴五南圖書出版公司表達衷心的敬意和感謝。這次出版一系列的翻譯書籍，有勞五南圖書出版公司的專業團隊，協助編輯、校對等等各項細節，使得書籍的出版進度相當順利。

　　緊接著，中心正由運動科學團隊，積極整理近年來，中心在運動科學領域的實務經驗並加以發表，期盼為運動科學的實務留下紀錄。國訓中心希望運動科學的普及化，能透過這些實務分享，落實到每一個運動訓練的角落，為國內運動科學訓練打下良好的基礎。

國家運動訓練中心　董事長

登上成功足球的步驟

當你閱讀此書時，也意味著你對足球的熱愛。事實上，足球已經是這個星球上最受歡迎的運動項目，它遠超越其他競技運動所帶來的刺激和激情。國際足總資料顯示，全世界有超過一億五千萬正式登記的足球運動員，其中包括一千萬以上女子足球選手。還有許多難以估計的足球愛好者，在全世界各個角落，無論是大街小巷、高山海灘，都看得到他們踢足球的身影。眾多的狂熱球迷到球場或是透過電視等電子媒體，觀賞他們喜愛球隊的賽事，追逐他們喜愛的球星。舉例來說，2010年在南非舉辦的世界盃足球賽，透過電視轉播，地球上每個國家、每個角落都可以觀賞到精彩的足球賽事，包括南極區和北極圈，創造了空前未有的高收視率，在家收看比賽的人口達到三十二億，幾乎占了全球人口的一半，這些數字印證了足球是全球性球類運動的非官方說法。

足球之所以廣受人們的喜愛，並非意味它是簡單易玩的運動。反之，對於足球愛好者來說，生理和心理層面都是一種挑戰。除了守門員有特殊專精化的技巧，熟練的手、腳的操作技巧以外，其他球員都必須像曲棍球球員一樣，是全方位能攻善守的運動員。球員必須具備各種足下控球技巧，而且必須在有限的空間、時間、身體疲累和對手堅強的挑戰壓力下，來展現他們平常訓練的成果。更要在瞬息萬變的比賽情境壓力下，快速作出各種決定。選手面對許多挑戰，球員個人表現和球隊的成敗與球員解決壓力的能力息息相關，抗壓能力是必須透過訓練而不會自然發生的，這就是《足球：邁向卓越》乙書出版的初衷。

無論是週末休閒型的足球員或是競技型的足球選手，基本技巧更精進、比賽策略更純熟時，更能享受比賽的樂趣，《足球：邁向卓越》第四版的付梓，就是為了提供愛好足球的讀者，發展足球技巧和比賽策略的計畫。以下是閱讀每一步驟的建議事項：

1. 首先，熟讀每一單元介紹的技巧、重要性以及如何操作。
2. 研究每一張圖片，並瞭解每個動作技巧操作時的相關身體部位。
3. 熟讀每一練習的內容，反覆演練、記下得分。
4. 完成每次練習後，要合格的旁觀者，例如：教練或隊友，協助評估基本動作技巧水準，旁觀者可以運用每一單元練習之成功的檢查點，針對技巧水準作評鑑。
5. 每一單元的末端，檢視每一練習表

現，記下總分；得分達標，則向前進到下一單元。

此版本的內容精確地界定了十二個練習單元，提供讀者練習時可以按照自己的進展來調整練習，一步一腳印，必須評估自己能力後循序漸進努力向上攀登，絕對不要妄想一步登天。前幾個單元是基本動作技巧和概念的介紹，逐漸地進入隊友合作的策略，書裡的照片和圖解進一步說明了動作要領與程序，包括守門員必備的專用技巧。在進入虛擬比賽情境前，每一步驟都提供各種不同的練習方法和觀念來達到精熟的地步，完成整個十二個單元練習後，一位更有經驗、更精進的足球選手是可預期的。

注意事項：1碼等於0.9144公尺，本書採用之丈量單位，大部分都是大約數字，所以若是球員在球門前10碼處，大約是10公尺位置。

致謝

　　本書的撰寫和出版是需要團隊成員的通力合作，最新版本的《足球：邁向卓越》乙書能夠成功付梓，雖然無法對每個人表示我的感謝，但對於許多協助與支持人士個人深表誠摯的謝意。首先感謝人類動力學出版公司的工作人員的幫忙，特別是Tom Heine和Amy Stahl，在出版過程的協助；感謝匹茲堡大學（University of Pittsburgh）的教練同仁和射門得分足球學院（Shoot to Score Soccer Academy）的夥伴，熱心分享他們的思維和理念；最後要感謝我親愛的妻子Gail與可愛的兒女Eliza和Travis，他們無盡的愛與支持。

足球運動

足球毫無疑問是世界上最流行的團隊運動之一，每年吸引了千千萬萬的愛好者去踢球或觀賞球賽。現今的地球村無論是實務和意識型態的藩籬，足球運動之所以受歡迎，絕不因年齡、性別、政治、宗教、文化或種族因素而有所限制。國際上通稱的足球（football），在美國的名稱是soccer，以便區隔美式足球（American football）。當今無論是亞洲、非洲、歐洲和南美洲，足球比賽提供了不同背景的人們一個共同語言。

足球之所以受歡迎的原因很多，第一沒有身高、體型的限制，每個人都有可能是潛在的足球選手，巴西的比利是世界公認的「足球先生」，他的身高和體型只是與一般人一樣，可是他能成為60年代的足球巨星就是最佳見證；另外一個範例，是巴塞隆納球星梅西，他身高170公分、體重70公斤，是當今世界足壇當紅炸子雞。當然除了體型外，球員的身體素質，如速度、肌力、敏捷性和心肺耐力是傑出選手的必備條件，球員的技術能力、戰略知識、熱情以及整個比賽觀念都是很重要的；然而，球隊成功與否主要寄託在球員的共同努力的結果，球員在球隊組織架構下，把握每次上場機會發揮自己最佳狀態，整合隊友之間的默契，完成教練下達的指令，整個團隊的運作必定能夠達成預設的目標。足球運動能夠提供每位上場球員發揮的空間，實務上它是一種選手之間的比賽，更勝於教練主導的比賽，或許這是足球造成全球致命吸引力的主因。

國際足球總會（FIFA）成立於1904年，是國際足球運動最高領導組織，擁有超過200個國家會員，號稱全球最具聲望的運動組織。美國足球協會（USSFA）在1913年成立，即獲准成為國際足球總會會員國，後來更名為美國足球總會（USSF）。接著許多的職業和業餘足球運動組織陸續成立，皆隸屬於美國足球總會。1974年美國青年足球協會（USYSA）成立，是美國足球總會旗下組織，負責管理和推動19歲以下選手的足球運動。

通常所謂的足球比賽是兩隊各十一位球員的賽事，其中指定一位球員當守門員，各隊防守各自球門，經由踢球或頂球成功進入對手球門達到得分目的。守門員除了防守對手進球之外，他也是進攻的發令者。上場的十一位球員，守門員是唯一允許用手控球者，但僅限於從場區端線算起44碼寬、18碼長的罰球區內。其他球員不准用手或手臂觸球，腳、腿、身體或頭是合法的擊球部位。每次射球入門算1分，分數高的隊

伍勝出。

足球是一種在廣場上比賽的運動，在美國又稱之為pitch，足球場區比美式足球場區更長、更寬。正式比賽上、下半場各45分鐘，中場休息15分鐘，開賽前以擲銅板決定開踢隊伍；一旦開賽就持續到時間終了，計時器只有在進球、罰球或裁判自由裁量時暫停，賽中不可以請求暫停，換人也有規則上的限制。一場足球比賽球員在場上的位移平均大約6英里（9.7公里），而且是以快跑的速率在進行，無庸置疑，在賽場中選手的身、心、靈，必須是處在最佳狀態。

比賽時十位球員的出賽陣容和陣式體制，視球員優、缺點和當下的狀況、角色和責任，教練個人哲學的差異，每一球隊或每一場比賽都可能不盡相同。

現今流行的體制，三或四位後衛，三、四或五位中場球員，一、二或三位前鋒，當然球員在場上的位置和動作是瞬息萬變，隨著戰術、戰略和陣式的需求靈活應用。（見「單元十二認識球員的組織、角色和職責」團隊組織的詳細訊息）

球隊採用的戰術和戰略隨著現代足球的進化業已進行改造，守門員通常是球隊中唯一的特殊專一球員，是防堵球門和對方得分的藩籬。在不那麼遙遠的過去，其他十位場上球員也都委派專一角色，前鋒負責前場射門得分，後衛留守家園防堵對手射門得分，很少進入前場去進攻。但是從20年前一切都改變了，現代足球強調全方位球員，球員必須兼具攻守能力，除了守門員，足球選手球技專一化已成歷史名詞。

足球場區

正式的足球比賽場地必須是100-130碼長、50-100碼寬，長度永遠是要大於寬度。國際比賽球場的長度要介於110-120碼之間，寬度必須介於70-80碼之間，球場上所有界線不得寬於5英寸（12.7公分），正如圖1所示，球場兩邊的底線稱為球門線，兩邊的界線叫邊線，中間線把整個場區分為兩個均等的半場，中間點是整個場區的中心。中圈是一個10碼半徑圓圈。

球門座落於球門線場區內，球門的面積是8英尺（2.4公尺）高、24英尺（7.3公尺）寬，球門區是一個長方形的場區，它是沿著球門線劃出來的。球門區主要是和球門線垂直的兩條線，從兩球門柱外6碼向內延伸的兩條直線，這兩條6碼線是由一條與球門線平行的直線連結起來。

罰球區是一個長方形場區，主要是沿著球門線從球門柱向內延伸18碼和罰球線垂直兩條18碼線，加上一條和罰球線平行直線連結成罰球區。球門區是在罰球區內，在罰球區內有一個罰球點。罰球點的位置是從罰球線的中心

點向內延伸12碼，也就是通稱的12碼線。罰踢是在罰球點執行，罰球弧的半徑是12碼（罰球弧是從罰球點劃出的10碼半徑），它是位於罰球區的外緣。角球區域是1碼半徑，位於球場的四個角落的四分之一圓弧，踢角球在角球區執行。

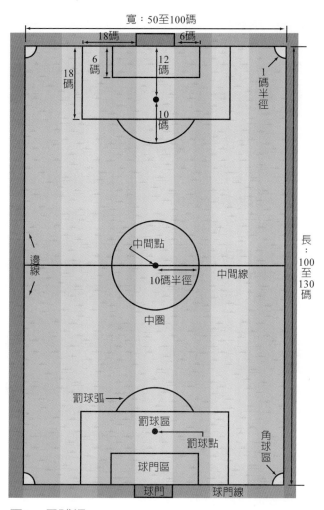

圖1　足球場

器材設備

足球是圓形的，是由皮革或者經認可的材質製造而成。成人用的足球的標準尺寸在國際上稱為5號球，國際足球總會官方的5號球是27-28英寸（69-71公分）圓周長，重量介於14-16盎司（397-454公克）之間。小型足球（3號球和4號球）是給青少年比賽用的。足球比賽場上球員的服裝包含上衣、短褲和襪子，同隊球員必須統一，而且與對方球隊要有所區別。脛骨的保護墊必須要穿著在襪子裡面，守門員必須穿長袖的上衣和短褲，手肘和臀部可以穿戴護墊。守門員服裝的顏色必須和場上其他隊友和裁判有所區隔，所有上場比賽的球員的球鞋也必須是同一款式。場上球員不允許在衣著上，穿戴任何裁判判定是對其他球員有潛在危險的物件（例如：手錶、鍊子或是其他的飾品）。

比賽規則

足球比賽僅包含17條基本的規則，國際足球總會所制定全球統一的官方比賽規則，適用於所有的國際賽事。在美國的青少年或是學校主辦的比賽，採用經過修改的國際足球總會規則，修改的部分包括：場地的大小、球的大小和重量、球門的大小、球員替換的次數以及比賽時間的長短。以下是足球比賽規則，簡單的討論。

比賽開始

每一場比賽都是從中圈開球，開球當下的隊伍所有的球員必須停留在自己的半場，敵隊的球員也必須停留在他們自己半場的中圈外圍。當球踢出進入對方的半場的時候，比賽即開始。開踢的球員在其他球員未觸球前不可以觸球，得分後的中圈踢球也是同樣的規定。中圈開踢，允許直接射門得分。

活球和死球

當球越過了任何的邊線或球門線，即被視為死球（無論球在空中或地面）。當裁判停止比賽的時候，也視為死球。活球的情況包含下列情形：

1. 球從球柱、球梁或是角旗，反彈回到場區內。
2. 球從場區內執法裁判或司線員，反彈回到場區。
3. 裁判對犯規情事，未作出判決的當下。

當裁判無法確定最後是誰觸球出界，或是比賽突然發生暫停（由於球員嚴重的受傷），比賽從發生死球的落點重新拋球開始。當裁判在兩隊球員之間拋球的時候，在球未觸地之前，不可以去踢球。當球飛出了邊線，無論是在地

面或在空中，回歸比賽就從出界的落點擲球入場。負責擲球的球員必須是最後觸球出界的對方球員，擲球者必須雙手握球，並且要雙手過頂從腦勺後擲出。擲球員要面對場地，雙腳不可離地，且在球離手之前不可踩邊線，在球越過邊線進入場區的當下即被認為是活球。擲球的球員在其他隊員尚未觸球之前，不能直接去觸球。假如違反上述規則，擲球的球權即為敵隊的。而擲球直接入門，是不被規則所允許的。

進攻球隊的隊員踢球超越了球門，就變成防守隊的球門球。球門球的位置是在球門區域的半場，靠近飛越球門線的落點。當球飛越了罰球區之後即視同活球，踢球者在隊友或是敵隊球員觸球前不可第二次觸球。在罰球區內的球門球不可以直接對著守門員踢。當執行罰球時，所有敵隊的球員必須站在罰

球區之外。當罰球失敗時，不可以直接補上一腳。

當進攻球員射門時被敵隊球員觸球出界時，即發角球。踢角球的位置在球場的四個角落的四分之一的圓弧內執行，防守的球員必須至少在離球10碼的距離。同樣的，負責踢角球的球員不允許在其他球員觸球之前第二次觸球。踢角球是可以直接射門得分的。

得分

得分的情況是當整個足球球體超越了球門線即為得分，或球在兩個球柱和球梁底下且非刻意的擲球入網，或是球員用手臂來觸球。每一次的得分都算1分，得分較高的球隊即贏得比賽。當兩隊在比賽時間內得分相同時，就算平手。

違規和制裁

每場比賽被指派執法的裁判，在球場上有絕對的權力。裁判有絕對的規則執法權，並且能夠對任何爭議點作出決策。兩位助理裁判協助主裁判來執法。他們是在兩邊邊線來執行任務。助理裁判在裁判對界外球沒有作出判決時，由他主動的判決界外球，並且要決定哪一隊來執行擲球、球門球或角球。助理裁判同時也協助裁判對於越位的犯規作出決策，並且提醒裁判球員替換的情勢。

足球選手必須要對於違反規則和

處罰的規定有所瞭解，一場比賽產生了違規、處罰的情勢是會對球隊造成傷害的，可能導致士氣的低落，或造成失誤，或擺烏龍讓敵隊得分。所以，球員必須學習以下的違規和處罰規定，如此才可以避免在比賽時犯錯。

越位

所有的球員應該要熟悉越位的規則，一位球員處於越位的情況是發生在球賽進行中，他比球更靠近球門線。除

非：

1. 球員是在他自己的半場區域；
2. 進攻球員的位置比至少兩位防守球員，更靠近球門線。

　　一位球員他處在越位的位置，並不能意味著他必須是在裁判哨聲下的越位判決。所謂球員的越位和處罰，必須是在球員處於越位位置當下，他的隊友也正處於傳球的狀態，同時裁判判定越位球員妨礙比賽或干擾對手或因而占了優勢的情況。球員沒有造成越位的情況，不能是因為他是處於越位的位置，或是他直接從角球邊線擲球，或是球門踢球，而接到了傳球。

　　對於違反越位規則的處罰，會給予敵隊隊員一個間接自由球的機會，踢球點是在越位發生點。裁判對越位的判決必須是在活球的當下，而不是在球員接到傳球的時刻（如圖2）。舉例來說，一位處於越位情況的球員，當下是活球的情況並不違反越位的規定，除非他往前移動去接了這個傳球。

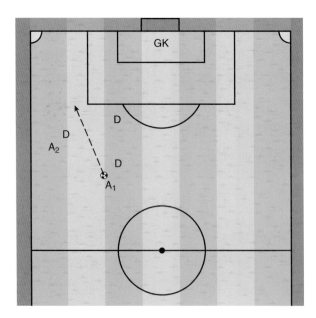

圖2　沒有越位的情形

自由球

　　自由球的種類：直接自由球和間接自由球。直接自由球球員可以直接射門，而間接自由球的射門得分必須要經過至少兩位球員的合作來完成（球員可以是隊友或敵隊隊員）。直接自由球和間接自由球的執行防守隊員，必須要處於至少離球10碼的位置。只有一種情況防守隊員可位於少於離球10碼

位置，是在進攻球隊於防守球隊球門前10碼內的間接自由球。在這種情況下，防守隊員可以站在他們介於球柱之間的罰球線，試圖來阻止進攻球的射門。

當一位球員執行在罰球區內的自由球時，所有敵隊的球員必須要留在距離球10碼以外的罰球區外。當執行自由球時，球必須是定點不動的。當球轉動一圈並超越罰球區後，就被視為比賽繼續。守門員不可以用手接球以後再踢球。假如罰球區的自由球不是直接執行，那麼此球必須重踢。自由球的執行球員在其他球員尚未觸球前不允許連續兩次踢球，如果發生此情形的話，敵隊獲得間接自由球的判決。

犯規與不當行為

犯規可以是直接犯規或間接犯規，以下是一位球員刻意的觸犯了進攻情況下的犯規，敵隊將給予一次直接自由球。

1. 對著敵隊球員吐痰
2. 踢或者試圖踢對方球員
3. 絆倒對方球員
4. 跳到對方球員身上
5. 激烈或危險的衝撞敵隊球員
6. 除非對手妨礙隊友帶球情況下從背後侵犯對手
7. 毆打或試圖毆打對方球員
8. 抓住對方球員

9. 推撞對方球員
10. 用手或手臂持球、擊球或傳球（守門員在罰球區內並不適用）

當一位防守隊的隊員在己方的罰球區內刻意的對進攻隊的直接自由球犯規時，敵隊會得到一個12碼球的判決。間接自由球是在下列的犯規情況下造成的：

1. 裁判認為進攻球隊的球員是有危險性的，並且認為這是有危險性的比賽；
2. 球員用肩膀去衝撞未持球的敵隊球員（在敵隊隊員試圖踢球之前是合法的）；
3. 刻意耽擱敵隊的比賽進行，尤其在不是試圖踢球的情況下，通常被視為是阻止比賽；
4. 刻意地阻止守門員傳球；
5. 違反了越位規則；
6. 衝撞守門員，除非在他已經有球權或已經離開了球門區這兩種情況下，才不算衝撞守門員。

當守門員參與了下列的情況下，進攻隊伍會判給間接自由球：

1. 違反了6秒鐘的規則；也就是說，守門員持球超過6秒鐘；
2. 濫用了規則上的戰術，設計拖延比賽浪費時間，並且給守門員隊伍一個不公平的優勢；

3. 違反了守門員回傳的規則。（請參考下一節）

守門員回傳的規則

比賽規定守門員不准用手去接隊友回踢的球，必須要經過轉折才算有效，違反了回傳的規則會導致敵隊球員獲得間接自由球的判決。

球員可以用頭部、胸部或是膝部將球回傳給守門員。然而當一位球員刻意的嘗試遊走規則邊緣（譬如說，球員用腳挑起球，再投傳給守門員），這時球員違反了運動道德的規定，而且裁判會給予警告，在此情況下敵隊得到一個間接自由球的判決。

口頭警告與驅逐出場

對一位球員他連續的嚴重違反規則，裁判將給予最嚴屬的判決。當裁判給予黃牌的時候，表示對球員一個口頭警告，黃牌的口頭警告也是意味著球員如果同樣再犯，將會被驅逐出場。裁判給予紅牌的時候，表示球員被驅逐出場了。裁判在下列情況下，會給予球員紅牌的處分：

1. 嚴重的犯規行為
2. 嚴重的失當行為
3. 對敵隊的隊員或其他任何人吐痰
4. 使用犯規或不當言語

5. 一場比賽受到兩次的口頭警告
6. 刻意的控制球而拒絕敵隊射門或射門得分的機會（這並不適用於守門員在他的罰球區內）。
7. 在進攻判罰自由球或罰球的情況下犯規，造成對手在球門前很明顯喪失了射門得分機會。

收到紅牌處分的球員不能回到比賽現場，並且不可以有隊友替換。

罰踢

在比賽中，除了被驅逐出場之外，最嚴重的直接犯規制裁就是罰踢。罰踢的情形發生在當一位球員在己方的罰球區域內直接的犯規。（注意：罰踢的判定是不管球在罰球區內的任何位置）罰踢是在12碼的罰球點來執行，除了執行者以外，所有其他球員都必須在離球10碼以外的罰球區外。守門員必須站立在兩個球柱之間，雙腳必須踩在罰球線上。守門員是允許沿著罰球線左右移位，但是在球未踢出前不可以向前移動。負責罰踢的球員必須向前踢球，不可以在其他球員未觸球之前踢第二次（第二位球員可能是守門員）。罰踢可以是直接得1分，當罰踢情況發生時比賽時間必須是彈性的延長，無論是半場時間或是終場時間。

暖身運動與整理運動

在每一場練習或比賽之前，運動員都必須實施暖身運動，讓身心能夠進入激烈運動訓練之前的準備。暖身運動可以提升肌肉的溫度，加速血流量傳導到肌肉，並且伸展核心肌肉群。一項澈底的暖身運動，可以改進肌肉的收縮和反應時間，增進肌肉的柔軟，預防隔天的痠痛，以及降低可能的肌肉與關節傷害。

暖身運動的強度和時間是因情況而異。環境的狀況，譬如氣溫和濕度應該也要列入考量。舉例來說，在炎熱潮濕的六月下午比起寒冷的十一月，你或許不需要花很長的時間來做暖身運動。通常來說，15到20分鐘的暖身活動是有足夠的強度讓你汗流浹背。流汗意味著肌肉溫度的提升。

在做伸展操之前，暖身運動的實施可以提升肌肉的血流量，任何形式的有氧運動都跟大肌肉群有關。從實務的觀點來看，對足球選手來說，是必須的。技巧相關的練習包含運球以及速度、方向的瞬間改變、隊友之間的傳球，這些都是讓血液運行很重要的方法。舉例來說，許多運球的練習都是足球員特殊的暖身運動。

當你的肌肉溫度已經上升到一定溫度，再來從事與足球主要肌肉群有關的一系列伸展運動。不要使用震盪式的伸展，要緩慢的伸展你的肌肉群到它最大的長度，絕對不要有不舒服的情況。伸展的時間約30秒，然後放鬆，再進一步更深層的伸展約30秒。對於核心肌肉群的伸展操作兩次，重點在大腿肌肉、小腿肌肉、背部肌肉、股四頭肌、阿基里德腱和頸部肌肉。

在每一次練習或每一場比賽之後，花費數分鐘來讓你的心跳和身體的功能，能夠逐漸地回復到正常的休息狀態。整理運動包含輕度的有氧運動，例如：有球或無球的慢跑、結合針對主要肌肉群的伸展操。在激烈訓練之後的伸展操比起練習前的伸展操，在預防隔天的痠痛上更有效。

圖解

GK	守門員
D	防守球員
A	進攻球員
X	球員
⚽	足球
⤳	運球路線
⟶	移動路線
┈┈➤	傳球路線

單元一　帶球、護球和鏟球

足球的帶球和籃球的運球同樣是基本功，球員在跑動和加速的情況下，能夠維持對球的掌控。在不同的情境下，帶球使用足部不同的位置（譬如內緣、外緣、腳背和腳跟）來控球。同時當擁有球權的時候，很重要的，球員要懂得閃躲對方球員的抄截。因此，護球就是要用來完成這個目標。

比賽時，帶球通常有三種型式：帶球過人、控球以及快速帶球。護球的技巧應該和帶球的技巧相結合，來保護或是隱藏，不讓對方奪得球權。護球通常是球員位於球和對手之間，並且用腳來控球，遠離挑戰的對手。這個技巧也可以稱為阻隔球。

雖然帶球的能力是每位球員進攻必備的技巧之一，但是我們不能夠忽視在不適當的情境下過度的帶球，這樣並沒有好處，事實上也可能危及整個球隊的努力。球員一定要避免在靠近己隊的球門的三分之一防守區域來帶球，在這個場區試圖要擊退對方的帶球並不值得，因為潛在的結果可能會造成失去了球

權。帶球的最大優勢就是在靠近對手球門的三分之一處來進攻，可能的回饋就是擊敗對手，不被對方鏟球，而造成得分的優勢。

足球選手就跟籃球選手或曲棍球選手一樣，必須要攻守俱佳。在比較高水準的比賽，單一才能的球員不可能勝任一個成功的賽事。當你的隊伍處於防守方，身為球員的你就必須想辦法要回球權。搶回球權有兩個方法：抄截對方的傳球或是鏟球。鏟球是防守技巧之一，針對擁有球權的對手，抄截或是鏟去他的球。鏟球這個術語在足球和美式橄欖球有不同的意思，足球球員鏟球是針對球體而不是對手球員。

鏟球技巧有三種不同類別：阻擋鏟球、刺進鏟球、滑步鏟球，視比賽情境和對手前進的角度，靈活運用來面對對手；阻擋鏟球通常比較受到青睞，防守者會有較佳的身體控制，而且在擁有球權時能夠快速地反攻，此技巧在前場阻斷帶球者前進時最常被使用。當防守者處於帶球者後方或側面時，刺進鏟球和

滑步鏟球是最適合使用來應付帶球者。

帶球技巧

帶球的技巧不只一種，因此足球的帶球有時候被稱為是一種藝術，而不光是一種技巧，主要是因為球員可以有許多不同的方法來帶球。球員在訓練帶球技巧的時候，可以針對他們想要達到的目標去訓練。有些球員使用大而流暢的步伐來帶球，有些球員，譬如說三屆的年度最佳球員梅西，他個人偏愛小步且具爆發性速度變化和腳部的欺敵動作。無論採用什麼技巧，適合你的就是正確的。

我們所要介紹的是如何帶球超越對手（如圖1.1），這是一個基本的帶球情境。現在的足球防守變得更組織化，且更難突破。因此帶球在整個球隊的進攻被視為更重要的角色。故帶球高手，譬如葡萄牙的羅納度、巴西的卡卡以及荷蘭的羅賓，他們的帶球能力是似乎能夠把球黏在他們的腳上來穿越對手的防守，對於他們球隊來說有極高的價值。他們爆發性的運球技巧能夠突破一些嚴密的防守，創造得分的機會。雖然你可能沒有機會達到像羅納度和羅賓的帶球技術水準，但是你肯定可以改善你的帶球能力，而變成你球隊的重要資產。所有的偉大運球員他們的帶球能力是完美多樣的，經常都讓防守球員目瞪口呆，而無法去阻止他們。我相信你也能夠做到這一點，多練習就對了！

圖1.1　帶球超越對手

接近
1.面對防守者帶球。
2.保持身體的平衡和控制。
3.保持球在控制範圍內。
4.保持抬頭並注視對手。

執行
1.快速進攻。
2.使用身體和腳部的假動作。
3.瞬間的變速,來困擾防守者。
4.傳球前進超越防守者。

跟進
1.加速超越防守者。
2.採取最直接的途徑得分。

錯誤的步驟
帶球的速度慢下來。

修正方法
以最快的速度面對防守者,然後加速帶球。

錯誤的步驟
當你接近防守者,球和雙腳之間糾結。

修正方法
不要有太多花俏的欺敵動作,按部就班熟練帶球的基本動作,加上瞬間的方向變化與變速練習。

單元一　帶球、護球和鏟球

擊敗對手帶球練習一　之字型練習

　　兩個人一組。設置了線間間隔2碼六至八個標記。一個球員操作時，另一個休息。從第一個標記開始帶球直到最後一個標記，然後轉身帶球回到起跑線。控球在盡可能的範圍內，並儘快地完成迴轉練習。傳球給你的夥伴即可休息。重複帶球練習二十次。當球碰觸到標記視為失誤一次，無失誤完成整個練習就給1分。

1.增加難度
- 標記間隔1碼。
- 隨機（曲折）設置標記。

2.降低難度
- 標記之間的距離加大。

- 減少標記的數量。
- 放慢帶球的速度。

成功的檢查點
- 保持身體的平衡和控制。
- 在切入標記時，保持腳步的靈活。
- 在操作迴轉練習時，使用腳的內、外側來帶球。
- 盡可能抬頭注視全場。

操作成功的給分
0～12分＝ 0分
13～14分＝1分
15～17分＝3分
18～20分＝5分
你的總分：＿＿＿＿＿

擊敗對手帶球練習二　破壞防守者的身體平衡

　　將兩個標記置於球場上的邊線或底線相隔10碼處。隊友在標記的中間彼此面對面。持球者當進攻者，另一位則是防守者。在防守者就位之前，進攻者嘗試朝著標記橫向帶球。兩位球員不可越線。整個練習持續30秒。短暫的休息後，球員交換位置並繼續練習。進攻者擊敗防守者到達標記，即得1分。每個夥伴有十次的機會，得分越高就是贏家。

1.增加難度
- 標記間隔15碼。
- 每一回合延長至60秒。

2.降低難度
- 縮短標記距離。

- 減少重複次數。
- 放慢節奏。

成功的檢查點
- 保持身體的平衡和控制。
- 保持控球狀態。
- 結合瞬間的速度和方向的變化，造成防守者的失衡。
- 使用腳的內、外側控球。
- 盡可能地抬頭，並注視防守者。

操作成功的給分
0～3分＝0分
4～6分＝3分
7～10分＝5分
你的總分：＿＿＿＿＿

擊敗對手帶球練習三　面對被動防守者

　　兩個人一組，十二至二十個球員站立在罰球區內，每一組各有一顆球。在教練的指令下，所有球員在場區內慢跑。持球者開始帶球，沒有球的球員當作被動的（半速）防守者。當帶球者在場區內帶球時，面對防守者練習腳步和身體的欺敵動作來擊敗對手。帶球者以近乎比賽的速度（全速）來帶球。被動的防守者僅以半速慢跑，並且不要試圖抄球。練習5分鐘之後，雙方交換位置。

1.增加難度

- 縮小帶球的場地面積。
- 允許防守者鏟球。

2.降低難度

- 開創更寬廣的傳球面積。

- 要求防守者定點不動。

- 保持穩定的控球。
- 保持抬頭狀態，並注意周圍的事物。
- 以比賽的速度來攻擊防守者。
- 使用欺敵動作加上方向的變換，造成對手的失衡。
- 加速超越防守者的守備。

失控球超過6次以上＝1分
失控球3～5次之間＝3分
失控球0～2次之間＝5分
你的總分：_____

擊敗對手帶球練習四　兩點間的競賽

　　在10×20碼的方格子內，兩人一組互相對抗。夥伴拿著球，站立在端線的那一端。首先，夥伴開始踢球給你以後，立即向前移動，變成防守者。你接到球以後，迅速控球，試圖超越對手，抵達底線另一端。你試圖擊敗對手時，必須在10碼寬的場區內帶球。當你成功帶球超越了防守者到端線，即給1分。在完成每次的操作之後，返回原點重新開始。兩人交替扮演帶球者和防守者的角色。整個練習持續直到擊敗對手二十次才停止，積分較高的球員獲勝。

1.增加進攻者難度

- 縮短場區的寬度，帶球空間減少。
- 增加第二個防守者，造成一對二的情況，其中帶球者必須擊敗兩個對手。

2.降低進攻者難度

- 要求防守者採用「螃蟹橫行」的姿勢（坐姿用手和腳支撐體重），來限制活動性。
- 拓寬場地，以增加帶球可用空間。

- 以比賽的速度攻擊防守者。

單元一　帶球、護球和鏟球

- 使用欺敵性的身體假動作（如剪刀式的移位），來造成對手的失衡。
- 使用瞬間的速度和方向突然改變。
- 加速超越防守者。

0～7分＝0分

8～11分＝1分

12～14分＝3分

15分以上＝5分

你的總分：＿＿＿＿＿

擊敗對手帶球練習五　帶球計分

　　組織五到七位球員的兩個球隊。比賽的場區大約50×35碼。除了得分方法以外，其餘均採用官方的足球規則。帶球超越對手的端線，就算得分並不需要射門。因此，就沒有守門員的必要。整條端線的長度，視為是球門線。當一位球員帶球超越球門線，就得1分。比賽時間20分鐘。得分高的球隊獲勝。

1.增加進攻隊伍難度
- 縮短場地的寬度，減少可用空間。
- 增加兩個防守球員，造成防守隊伍多兩個球員的優勢。

2.降低進攻隊伍難度
- 擴大球場的寬度，增加可用的空間。
- 增加兩個進攻球員，造成進攻隊伍多兩個球員的優勢。

成功的檢查點
- 在適當的情境和場區，使用帶球技巧。
- 保持控球的最佳狀態。
- 以速度攻擊防守者。
- 採用瞬間速度和方向的變化，造成對方失衡。
- 帶球越過防守者，並且加速推進至開放空間。

操作成功的給分
獲勝的隊伍每次得分給予1分，6分是滿分。

失敗的隊伍每次得分給予1分，3分是滿分。

你的總分：＿＿＿＿＿

擊敗對手帶球練習六　策略性帶球

　　組織五至八名球員的兩個球隊。使用標記界定60×40碼的場區，每條端線是得分的標記。將整個場區的長度劃分成20×40碼的區域。指定每一隊的一位球員作為守門員，站立在得分區的位置。從中場發球就開始比賽。當球隊踢球超越對方的球門得1分，進攻者踢球超越防守者的三分之一場區也得1

分。比賽採用了正規的足球規則，以下區域限制例外：

- 球員允許使用一至兩次的傳球，推進至得分區。
- 球員允許在中場帶球推進到開放空間，但不可以挑戰和擊敗對手。
- 在進攻的三分之一場區帶球是必須的，也就是說球員必須在這個區域內傳球給隊友，或射門得分前帶球擊敗對手。

　　當球隊違反場地限制時，對手給予球權。比賽時間20分鐘，得分高的球隊獲勝。

1.增加進攻隊伍難度
- 縮小場地的面積，來限制可用的空間和時間。
- 增加一位防守隊球員，造成多一位球員的優勢。

2.降低進攻隊伍難度
- 擴大場地面積，使運球者有更多的帶球空間。
- 在防守的三分之一場區，允許少於三次的傳球。
- 增加兩個進攻隊球員，造成進攻球隊多兩名球員的優勢。

成功的檢查點
- 隨時保持最佳的控球狀態。
- 保持抬頭，並且識別可用選項。
- 採用瞬間速度和方向的變化，造成對手的失衡。
- 在適當的情境和場區內帶球。

操作成功的給分
　　勝利的球隊，每個球員得到2分，另外球員帶球超越了三分之一攻擊場區得到1分。失敗的隊伍每個球員0分，但球員帶球超越了三分之一攻擊場區得到1分。

0～5分＝1分

6～10分＝3分

11分以上＝5分

你的總分：＿＿＿＿

維持帶球控球的優勢

　　比賽的時候，面對對手兩到三名球員的壓迫防守時，發現自己很少有帶球的迴旋空間。在這種情境下，立即的反應應該是穩住控球，而不是穿越對手。你可以試著帶球脫離對方的糾纏，這樣就能夠順利的傳球給隊友。藉由腳和身體的欺敵動作，組合速度和方向的瞬間變化，可以造成對手失衡並創造帶球、控球的空間。在任何時刻掌控帶球的優勢是必備的（見圖1.2）。

圖1.2　維持帶球的優勢

準備層面

1. 採取蹲姿，兩膝微彎，在控球狀態。
2. 維持低重心，寬底盤的狀態。
3. 保持身體的平衡和控制狀態。
4. 保持抬頭並注視周遭的情境。

執行層面

1. 回應對手的壓迫防守。
2. 採取身體和腳部的欺敵假動作，造成對手的失衡。
3. 運用腳部的適當位置來控球。
4. 創造位於對手和球之間的利己空間。
5. 變換速度和方向。

跟進層面

1. 隨時保持控球的優勢。
2. 脫離壓迫防守。
3. 傳球給隊友。

 錯誤的步驟

帶球失控，造成失誤，對手得球。

修正方法

帶球時保持球在身體的下方，儘量靠近腳部。如此你就能夠很容易變換方向，並且能夠掌控球的動向。

 錯誤的步驟

你忽視了防守壓力，造成了失誤。

修正方法

錯誤的發生是因為你全神貫注在球上，而忽視了周遭的情境。帶球時盡可能抬頭，降低身體重心、穩固底盤。保持良好的視野和控球是一樣重要的。

維護控球權的帶球練習一　小圈圈

　　每位球員手持一球。尋找一個4英尺（1.2公尺）直徑的圓圈的場地來練習。操作一系列的動作：腳跟勾球、四分之一轉身、V字型切入。練習向前帶球和瞬間轉身的帶球動作。練習的目的是強調改變位置帶球的效率性。要完成五回合，各90秒的訓練，每回合之間休息30秒。每完成90秒的練習而無失誤就得1分。

1.增加難度
- 改變每次帶球的速度和方向。
- 縮小場地面積。

2.降低難度
- 增加場地面積。

- 降低移位速度。
- 每一回合時間減至60秒。

成功的檢查點

- 保持控球的狀態。
- 運用腳部不同部位來控球。
- 屈膝並降低身體重心。
- 組合瞬間的速度和方向的變化。
- 練習腳部和身體的欺敵動作。

操作成功的給分

4或5次的失誤＝1分

2或3次的失誤＝3分

0或1次的失誤＝5分

你的總分：_____

維護控球權的帶球練習二　無設防的帶球

　　在20×20碼的場區內，隨意地放置十五到二十個標記代表定點的防守者。在場區內沒有防守的情況下帶球，運用腳部不同的部位帶球，優遊於假想防守者之間。結合你的帶球型態和瞬間方向的變化。例如：運用右腳腳背帶球，瞬間變換方向，在標記間切球；然後用左腳的外側加速帶球推進至開放區域。慢慢操作，逐漸加速至比賽的情境。每次持續帶球5分鐘，休息1分鐘再重複操作。記錄你帶球時，碰撞到的標記。

1.增加難度
- 縮短標記之間的距離，來減少可用

空間。
- 每次觸球時改變速度和方向。
- 增加帶球速度。

2.降低難度
- 增加標記之間的距離。
- 降低帶球速度。

成功的檢查點

- 保持控球狀態。
- 屈膝並降低身體重心。
- 組合瞬間的速度和方向的變化。
- 組合腳部的欺敵動作。

操作成功的給分

5分鐘內觸碰了11次以上的標記＝1分

5分鐘內觸碰了6～10次的標記＝3分

5分鐘內觸碰了0〜5次的標記＝5分　　　你的總分：_____

維護控球權的帶球練習三　　磁吸效應

運用標記界定25×25碼的場區。所有球員每人一球，站在場區內。教練一聲令下，每位球員在場內隨意帶球保持最佳控球狀態。把自己視為磁吸效應，隊員之間是互相對抗。當你靠近另一位球員，要立即轉變方向，避免撞擊對方。3分鐘的練習，每次的變換方向得1分。

1.增加難度
- 縮短比賽的場區和空間。
- 以比賽的速度來運作。

2.降低難度
- 擴大場地面積。

- 以半速帶球。

成功的檢查點
- 運用腳部不同部位控球。
- 運用瞬間的速度和方向的變化，避免撞擊其他球員。
- 維持球和鄰近球員之間的距離。

操作成功的給分
3分鐘的比賽得到20〜25分＝1分
3分鐘的比賽得到26〜39分＝3分
3分鐘的比賽得到40分以上＝5分
你的總分：_____

維護控球權的帶球練習四　　接收動作

運用標記來界定25×30碼的長方形場區。兩個人一個球，所有的球員出列在場區內。在指令下，所有的球員在場區內任意的移位。持球者帶球，無球者以四分之三速度慢跑。帶球者試圖將球傳給無球者的隊友，這就是接收的練習方法。當兩位球員交換球的時候，必須使用同一腳來操作；也就是說當帶球者用右腳給球，接球者也必須用右腳來接球。同樣的程序，在使用左腳的情形下也是相同的。成功的接收動作給1分，在一定時間內盡可能完成更多的接

收動作。

1.增加難度
- 減少可使用空間。
- 以比賽的速度帶球和執行接收動作。
- 增加防守者來干擾接收動作的操作。

2.降低難度
- 擴大場區面積。
- 以半速帶球。

成功的檢查點
- 直接帶球給無球者的隊友。

- 接收動作要使用同腳。
- 避免和隊友衝撞。

5分鐘的比賽得到20～25分＝1分

5分鐘的比賽得到26～39分＝3分
5分鐘的比賽得到40分以上＝5分
你的總分：＿＿＿＿＿

維護控球權的帶球練習五　閃避挑戰

運用標記界定30×30的場區。指定兩位站在場區外的無球者球員當作追逐者。其他所有球員每人一球，站在場區內。場內球員將背心塞入短褲的後面，前面背心掛著。所有在場區內的球員，開始隨意的帶球。在教練的一聲令下，追逐者衝進場內試圖拿下帶球者的背心。帶球者試著變換方向和速度，來閃避追逐者的侵襲。當帶球者的背心被拿下時，就轉換成追逐者。原來的追逐者穿上了背心就變成帶球者。帶球者必須在控球上，不可以因為閃避侵襲而遠離了球。比賽持續5分鐘，當帶球者的背心被拿下時，給1分。

1.增加帶球者難度
- 減少場地面積。
- 增加額外的追逐者。

2.降低帶球者難度
- 擴大場區面積，使帶球者有更多使用空間。

成功的檢查點
- 任何時間都在控球狀態。
- 應用瞬間的速度和方向變化。
- 保持抬頭並注意追逐者和場上狀況。
- 解讀防守的壓力並作出回應。

操作成功的給分
背心被拿下6次以上＝1分
背心被拿下3～5次＝3分
背心被拿下2～0次＝5分
你的總分：＿＿＿＿＿

維護控球權的帶球練習六　個個擊破

八至十位隊員參與比賽。除了三位球員（防守者）以外，所有的球員手持球站立在球場中圈。三位無球者球員必須站在中圈外圍。在教練一聲令下，防守者迅速進入中圈並試圖將帶球者的球踢出界外。帶球者運用速度和方向的變化以及控球，來保持球權，並且閃避挑戰。當帶球者的球被踢出場外時，必須迅速還原比賽。比賽持續3分鐘後，替換三位防守者，再繼續。3分鐘的比賽持續進行到所有的球員皆擔任過防守者的角色為止。記錄你被踢出場外的球數。

單元一　帶球、護球和鏟球

1.增加帶球者難度
- 減少場地面積。
- 增加額外的追逐者，縮小可使用空間。
2.降低帶球者難度
- 擴大場區面積，使帶球者有更多使用空間。

- 保持控球狀態。

- 護球以閃避防守者的挑戰。
- 應用瞬間的速度和方向變化。
- 保持抬頭並注意場上狀況。
- 維持身體的平衡和控制。

球被踢出場外6次以上＝1分
球被踢出場外3～5次＝3分
球被踢出場外0～2次＝5分
你的總分：＿＿＿＿＿

快速帶球

在某種情況下，快速帶球是比控球要列入優先的考量，尤其是當你發現處於對手嚴密的防守和被突破的狀況下。此時你的首要目標就是儘快的得分，運用腳背的內外側或整個腳背，前進帶球到開放的空間，全速持續的運作（見圖1.3）。

錯誤的步驟
運用短而不穩的步伐帶球。

修正方法
將球向前推進，離腳越遠越好，繼續全速推進。不要像控球時的情況，一或兩步就觸球。

圖1.3　快速帶球

(a)

準備層面
1.保持抬頭並注視全場。
2.保持挺直的跑姿。
3.保持控球的狀態下，將球向前推進。

執行層面
1.運用足背的外側來觸球。
2.球向前推進幾步以後,快速到位。
3.採用最直接的途徑去取分。

跟進層面
1.採用長而穩固的步伐。
2.快速到位,並將球向前推進。

快速帶球練習一　快速帶球接力

　　三位隊友一組。你和其中一位隊友站在球門線,另一位隊友站在罰球區(18碼)邊緣與你面對面。你持球,一開始儘快的接力帶球至罰球區的頂端,將球傳給在罰球區的隊友。當另一位隊友帶球至球門線的時候,就交換位置。那位球員把球傳回給你,就完成了整個的週期練習。繼續這樣的接力練習,直到每位球員完成二十個週期為止。當你全速帶球超越18碼距離沒有失誤,並完成接力動作就得1分。當你帶球失控或是沒有和隊友完成接力動作,就是一次失誤。

1.增加難度
• 增加帶球的距離至30碼。
• 增加重複操作的次數。

- 增加額外從背後追逐帶球者的球員人數。

2.降低難度
- 縮短帶球距離。
- 半速帶球。

- 保持挺直的跑步姿勢。
- 運用腳背的外側向前帶球至數步的距離。

- 以全速帶球。
- 當接力給隊友時降低速度。

少於10次而無失誤＝0分
10～14次而無失誤＝1分
15～17次而無失誤＝3分
18～20次而無失誤＝5分
你的總分：＿＿＿＿＿

快速帶球練習二　誰先抵達罰球區

　　兩個人一組，站在場區的中圈。一個人拿球，另外一位空手。拿球的球員將球推進，並且嘗試著快速帶球至罰球區。另一位球員就是追逐者，停頓1秒鐘，然後試圖去抓帶球者，並且將球在帶球者抵達罰球區之前踢走。任何時間追逐者兩腳必須著地，不准從帶球者後方偷襲。帶球者控球超越了罰球區就得1分，之後球員回到半場線，角色替換並重複練習。持續這樣的練習，一直到每一位隊友完成了十次的帶球者角色。

1.增加難度
- 不要求追逐者離開中圈前，停頓1秒鐘的規定。
- 要求帶球者要超越球門線才得分。

2.降低難度
- 縮短帶球距離。

- 減少重複次數。
- 要求追逐者在離開中圈之前，停頓2秒鐘。

- 保持帶球挺直的姿勢。
- 將球推進數英尺之前再加速。
- 運用腳背外側踢球前進。
- 採用得分最直接的途徑。
- 帶球時，身體置於切斷防守者鏟球的路徑。

0～4分＝1分
5～7分＝3分
8～10分＝5分
你的總分：＿＿＿＿＿

足球
邁向卓越

快速帶球練習三　進攻或防守

　　組織兩個相同四到六位隊員人數的球隊。運用標記來界定30×40碼的比賽場區，並畫一條中線來分隔兩個場域。設置一足球供應站，每兩位球員一個球，沿著中線均衡的分配在場內。在對面底線的球員等距離散開。在教練的一聲令下，兩隊的球員快跑到中線，並且開始爭奪球權的比賽。贏得球權的隊員，必須試著帶球並返回原來的底線起始點。奪球失敗的隊員在擁有球權的隊員帶球回底線之前，應該試圖追逐帶球者並將球踢走，阻止他們得分。球員帶球超越了他們的底線就得1分。當所有的球都被帶球超越底線，或被踢離了場區就結束了一回合。每次比賽十回合，每一回合間有短暫的休息。球員記錄自己的得分。

1.增加難度
- 增加場區的長度。

- 增加兩位額外的防守者，來追逐帶球者。

2.降低難度
- 在中線每三個球員放置兩個球，來減少追逐球員的人數。

成功的檢查點
- 第一個抵達球位。
- 迅速轉身並且開始帶球回到起始的底線。
- 加速踢球向前推進。
- 身體置於球和防守者之間，並企圖贏球。
- 遵循抵達底線最直接的途徑。

操作成功的給分
回球超越底線0～2球＝1分
回球超越底線3～5球＝2分
回球超越底線6球或6球以上＝3分
你的總分：＿＿＿＿

快速帶球練習四　帶球通過開放球門

　　運用標記來界定一個30×30碼的場區。沿著邊線，八至十位球員每一位手持一球。球員之間間隔2～3碼，使用三角錐在對方的邊線，設置一系列的迷你球門，每個球門2碼寬。無球的球員比有球的球員至少要少於三個迷你球門。指令一下，球員儘快的帶球越過場區，並且穿越開放的球門。帶球者每次帶球超越了一個開放球門，即得1分。

重複操作二十次，球員記錄自己的得分。

1.增加難度
- 增加到球門的距離。
- 增加追逐帶球者的防守者。

2.降低難度
- 縮短到球門的距離。
- 使用比球員少兩個球門。

成功的檢查點	操作成功的給分
• 必須是第一個穿越球門。 • 球員向前加速前進帶球。 • 遵循抵達底線最直接的途徑。	4～8分＝1分 9～12分＝2分 13分或13分以上＝3分 你的總分：_____

護球技巧

比賽時經常發生你不能夠快速帶球並甩開追逐你的對手，或是你的對手要去爭奪場區的空間。在這樣的情境下，你必須要能夠閃避挑戰，一直到傳球的機會產生。要做到這樣的動作，必須具備肌力、平衡感和適當的站位，這樣的技巧，通稱為護球（圖1.4）。

圖1.4 護球技巧

(a) 準備層面
1. 側身向著防守者。
2. 採用微蹲的姿勢、雙膝微彎。
3. 兩腳開立稍大於肩寬，來創造一個寬穩的支撐底座。
4. 延展較靠近防守者的手臂，創造自己較廣的空間。
5. 為了場區最大的視野保持抬頭。

(b) 執行層面
1. 運用離對手較遠的一腳控球。
2. 用腳的內外側或腳跟來控球。
3. 維持寬穩的支撐底座。
4. 對對手的壓迫作出回應。
5. 運用身體的欺敵動作，造成對手失衡。

(c) 跟進層面
1. 在每次回應對手壓迫後，再次調整身體位置。
2. 運用瞬間方向的變換，來保持球和防守者之間的距離。
3. 傳球給附近的隊友，來化解防守壓力。

採取微蹲的姿勢，屈膝並且降低身體重心。採用這樣的姿勢可以建立一個寬廣的基底支撐地面，並且創造一個對手和球之間較大的距離。運用離對手較遠的一隻腳來控球，並用身體的偽裝、欺敵的腳部動作和瞬間的方向變換，造成防守者的失衡，就如這一章前面所解釋的一樣。任何時候都要保持密切的控球狀態。

錯誤的步驟

你沒有善盡護球的動作，讓球曝光，造成防守者有機會刺球。

修正方法

在你的控球範圍內，盡可能保持球體遠離防守者。要不斷的調整你身體的位置在球和防守者之間，以便能夠隱藏球體。

錯誤的步驟

你因為對方球員合法的肩部衝撞造成失衡，並且失去了球權。

修正方法

不佳的身體平衡，可能是因為挺直的站立和兩腳開立不夠。保持一種微蹲的姿勢，兩腳開立大約與肩同寬，並且身體重量要均衡的分配到兩腳上。正確的身體平衡，能導致踢球力量的增加。

護球練習一　一對一

兩人一組，在12×12碼的場區內。一位扮演進攻者，另一位夥伴就是防守者。在場區內帶球時，試著避開防守者來護球。防守者認真的防守，但是僅僅使用百分之五十的壓迫，並且不要真正的去抄球。重點是要造成進攻者，快速地對壓迫作出身體位置的回應。比賽時間60秒，每次球遠離了場區或是滾動、遠離了你的控制之下，造成防守者刺球的情況，就判罰1分。比賽五個90秒回合，中間有短暫的休息，然後角色互換再比賽五個回合。記錄下自己罰分的標記。

1. 增加難度
- 縮小比賽場區面積。
- 增加每回合的比賽時間到90秒。
- 允許防守者施予最大的壓迫，來贏得球權。

2. 降低難度
- 擴大比賽場區。
- 縮短每回合時間至30秒。

成功的檢查點
- 側身對著對手，身體置於球和對手中間。
- 運用離對手較遠的一腳控球。
- 運用瞬間速度和方向的變化，加上

身體的欺敵動作。

- 脫離防守的壓迫。

5回合內超過15次的罰分＝1分

5回合內11～14次的罰分＝3分

5回合內0～10次的罰分＝5分

你的總分：＿＿＿＿＿

護球練習二　從兩人防守下脫離

　　組織三個團隊，每一位球員手持一球。運用標記界定一個25×25碼的比賽場區。指定一位帶球球員，其他球員即為追逐者。帶球者帶球進入場區內，追逐者帶球緊緊跟隨，並且試著用自己的球超越和碰觸帶球者的球。帶球者運用瞬間的速度和方向的變化，並且用身體來護球。比賽時間90秒。每次帶球者的球，被追逐者其中之一的球碰觸到就判罰1分，比賽三回合各90秒。每回合指定不同球員當帶球者。

1.增加難度

- 縮小比賽場區面積，來限制可用空間。
- 增加第三位追逐者。

2.降低難度

- 縮短每回合的時間至60秒。
- 採用僅有一名持球的追逐者。

成功的檢查點

- 隨時保持控球狀態。
- 採用瞬間的速度和方向變換，來擺脫追逐者。
- 用身體護球。
- 要能對壓力有知覺，並擺脫它。

操作成功的給分

每1回合6或6分以上的罰分＝1分

每1回合3～5分以上的罰分＝3分

每1回合0～2分以上的罰分＝5分

你的總分：＿＿＿＿＿

護球練習三　全隊彼此對抗

　　運用標記界定一個30×30碼的比賽場區。十六到二十位球員，每位手持一球在場區內帶球。在教練一聲令下比賽開始，每一位球員必須要護球之外，也要試圖將其他球員的球踢離場區。當一位球員的球離開了場區，他就被淘汰出場。這個練習強調的是護球和帶球技巧的正確執行。整個比賽持續至僅剩下一位擁有球權的球員為止。被淘汰出場的球員，應該立即的在場區外繼續練習到整個比賽結束。重複數個回合。

1.增加難度

- 調整比賽場區面積，來減少可用空間。

- 增加非帶球的追逐者。

2.降低難度

- 擴大比賽場區。

- 保持抬頭聚焦在對手身上。
- 對壓力有所回應。
- 運用遠離挑戰對手較遠的一隻腳控球。
- 身體置於防守者和球之間。

- 運用帶球技巧來創造額外的操作空間和時間。

最後淘汰的八位球員＝1分

最後淘汰的六位球員＝2分

最後淘汰的四位球員＝3分

最後一位存活的球員＝5分

你的總分：＿＿＿＿

鏟球技巧

假如你的對手擁有控球權，顯然地，你的球隊就沒有得分機會。經由從對手抄球或鏟球，你的球隊可以重新拾回球權。三個基本的鏟球技巧：擋球、刺球和滑鏟球。要成功的執行每一個技巧的必備條件是身體的平衡和控制，來挑戰適當時間正確的判斷和自信心。

在我三十多年的球員教練和訓練員主任期間，我見證了很少具備優良鏟球技巧的球員。原因是這些重要的防守技巧是有它的執行難度，並不是因為大部分球員他們的練習時間不足。當然，練習射門和帶球技巧或許比較有趣，但是在比賽的情境下，除非你能夠首先贏得球權，否則你將沒有機會去運用以上的技巧。

擋球

運用擋球（見圖1.5）直接從帶球的對手贏得球權。快速的移動雙腳靠近球體，一腳向前、一腳在後。採取微蹲的姿勢降低身體重心，雙臂向兩側延伸，這樣的話你就能保持好的身體平衡，並且能夠針對帶球者的瞬間方向改變動作作出回應。鏟球是應用擋球腳的內部來觸球。擋球腳置於側向並且腳趾頭微微向上，當你運用腳部內側對球體產生向前動量時，必須保持腳部和踝關節的穩定性。

一旦你決定要去挑戰球權，你必須有執行鏟球的力道和決心。這時候，你必須去踢球而不是對方球員。假如裁判對你刻意在觸球前攻擊了對手，你將會被判違規。

圖1.5　擋球

準備層面
1.迅速移位靠近帶球者。
2.採用前後腳重量，平均分配在前腳
　掌上。
3.保持低重心，微蹲的姿勢。
4.肩部保持微微的角度朝著帶球者。

執行層面
1.腳趾頭微微朝上，擋球腳側向。
2.保持擋球腳和踝關節穩固性。
3.運用腳內側踢向球中心。
4.身體重心向前。

跟進層面
1.經由觸球點產生動量。
2.贏得球權。
3.開始反攻。

錯誤的步驟
對手化解了你的擋球動作，並且甩開了你的防守。

足球
邁向卓越

修正方法

保持身體緊實狀態、有彈性的雙膝和低重心。運用一個短而有力的腿部動作來擋球。觸球的瞬間，身體的重量要轉移到觸球點上。

刺球

當接近帶球者側面或後面的時候，試圖去搶球，這時候運用刺球的技巧（見圖1.6）。迅速的接近帶球者，伸展你的腿和腳接近球體，並且運用你的腳趾頭把球刺走。必須要確定你的目標是球體，而不是對手球員。在試圖刺球的當下，踢到對方球員是犯規的。

錯誤的步驟

在完成刺球動作之前，身體撞擊了帶球者。

修正方法

任何時候維持控制身體，當你接近帶球者的時候，針對球體保持清晰的視野，聚焦在球體上。在適當時刻，延展你的腿和腳去刺球。

圖1.6　刺球

準備層面
1.縮短與帶球者之間的距離。
2.維持身體的平衡和控制。
3.注意球的動向。

執行層面
1.延展靠近球的腿和腳。
2.彎曲平衡的腿。
3.用腳趾頭將球刺走。
4.在觸球之前避免和帶球者身體接觸。

跟進層面
1.保持身體的控制和平衡。
2.追逐並且取得球權。

滑刺球

　　滑刺球的技巧（見圖1.7）是應用在，當你在帶球者的側面或後面來處理對手的情況。身體的動作和一位棒球員滑壘的動作，十分相似。當你靠近帶球者時，雙腳分開並且側身在球體前進入滑行位置。同時，使用腳背直接的將球踢走。很重要的，你必須要在和帶球者身體接觸之前觸擊球體，否則的話裁判會鳴哨，判決對手自由球。

 錯誤的步驟
當你在試圖贏得球權的時候，將對方絆倒。

修正方法
絕對不要試圖直接從帶球者背後去執行滑刺球，要從側面帶有角度去執行。

圖1.7　滑刺球

準備層面
1.從側面或後面接近帶球者。
2.保持身體的控制和平衡。
3.當你靠近球時，稍微放慢速度。

執行層面
1.雙腳側向滑行。
2.雙臂置於兩旁來協助平衡。
3.在球的前方延展滑行腿。
4.彎曲另一隻的腿膝關節。
5.運用滑行腿和腳使力踢球。
6.用腳背觸球。

跟進層面
1.處理球失敗時立刻起身。
2.奮力追逐並且試圖取得球權。

鉤滑刺球

　　鉤滑刺球（圖1.8）是標準的滑刺球的變形體。這個技巧通常是在接近帶球者後方的時候使用。當你接近帶球者的時候，用側身滑行超越他。固定你的踝關節，微微向下擺動你的腳的上部，運用腳上部的腳背來觸球。當你挑戰去刺球的時候，要計算好時間，在你觸擊球之前要避免撞擊帶球者。在你執行刺

球之後立刻起身，展開反擊。

　　在大多數的案例裡，標準的滑刺和鉤刺都不是優先的選項。這兩種技巧適用在擋球不可能實施的情境下，例如：當你的對手帶球超越了你，而且要追回的希望渺茫，或是當你的對手沿著底線帶球超越了你，而你無法將球踢出界。因為你必須回到場區去挑戰球權，而你是處於不良的還原位置，這可能造成刺球的失敗。

單元一　帶球、護球和鏟球

圖1.8　鉤滑刺球

鏟球練習一　擋球

　　面對3碼外用腳持球的隊友，當你的夥伴朝向你帶球時，練習擋球技巧。儘量靠近球體，擋球腳朝向側面，運用腳部的內側來擋球。觸球的瞬間保持低重心和腳部穩定。運用慣用腳操作二十五次擋球，每一次正確的操作技巧就得1分。

1.增加難度
　• 增加重複次數。
　• 試圖從快速朝向你帶球的球員腳下刺球。

2.降低難度
　• 在固定的目標練習擋球。

成功的檢查點
• 採用稍蹲屈膝姿勢。
• 保持身體的控制和平衡。
• 側向放置穩定的擋球腳。
• 強力的執行刺球動作。
• 經由觸球點來產生向前的動量。

操作成功的給分
少於20次正確的執行＝0分
21～24次正確的執行＝1分
25次正確的執行＝3分
你的總分：＿＿＿＿

鏟球練習二　拒絕穿越

　　運用標記界定一個5×10碼的比賽場區。你的夥伴持球，你和夥伴分別站立在底線的相反方向。指令一下，你的夥伴從10碼區開始朝向你帶球，此時

你就朝著帶球者前進，嘗試著去擋球或刺球。你可以運用任何一隻腳來刺球，主要視帶球者他進行的角度而定。重複二十次，直到你和帶球者角色互換為止。每一次成功的刺球阻止對手帶球超越底線，就得1分。

1.增加防守者難度
- 增加場區的寬度。

2.降低防守者難度
- 減少場區的寬度。
- 要求帶球者以半速前進。

成功的檢查點
- 採取低重心微蹲的姿勢。
- 保持身體的控制和平衡。
- 保持擋球腳的穩固。
- 踢球的中心。
- 觸擊球之前，避免撞擊對手。

操作成功的給分
0～8分＝0分

9～11分＝1分

12～15分＝3分

16～20分＝5分

你的總分：＿＿＿＿＿

鏟球練習三　角逐激烈的方形場區

運用三角錐來界定一個10×10碼的正方形。球員分為各三名球員的兩個隊伍（A和B）。球隊在正方形的兩邊面對面站立。進攻球隊每位球員使用一個球，A隊面對B隊，一位球員在正方形場區內扮演第一個防守者（無球）。一聲令下，B隊的第一個球員嘗試帶球穿越場區到對面的邊線。假如進攻者成功的帶球穿越了正方形場區到對面邊線，防守球隊將被判罰1分。當防守方被擊敗時，防守者立即面對B隊的第二個球員的企圖進攻。假如防守者成功的刺球，就得1分。並且立即進入帶球者的隊伍當中，且變成一個進攻者。那麼B隊的球員立即變成防守者來面對A隊的進攻者。比賽時間10分鐘，記錄整個得分。

1.增加防守者難度
- 增加場區的寬度。

2.降低防守者難度
- 減少場區的寬度。

成功的檢查點
- 採用低重心微蹲的姿勢。
- 鎖住帶球者在場區的邊線。
- 保持身體的控制和平衡。
- 保持擋球腳的穩固。
- 以前進動量來觸擊球中心。
- 避免在觸球前撞擊對手。

操作成功的給分
0～6分＝0分

7～10分＝1分

11～14分＝3分

15或15分以上＝5分

你的總分：＿＿＿＿＿

刺球練習四　滑刺球

兩人一組在正常場區內的一端比賽。球員A站在罰球區的頂端，也就是距離球門18碼的地方面向底線。球員B直接站在球員A的後方，大約距離球門20碼的地方，準備踢球。球員B把一個滾動的球踢向底線，球員A立即快跑，去執行滑刺球，來阻擋球滾動超越了底線。然後回到原點，重複操作十次，每次成功的滑刺球得1分。

1.增加難度

* 球員B朝著底線帶球，球員A嘗試著去滑刺球。

2.降低難度

* 減少還原時跑的距離。

成功的檢查點

* 在球體前面滑行。
* 兩臂置於身體兩側，協助身體控制和平衡。
* 擺動下肢，用腳背來觸球。

操作成功的給分

0～3分＝1分

4～6分＝2分

7或10分以上＝3分

你的總分：＿＿＿＿

刺球練習五　全面鏟球

放置標記來界定大約30×30碼的場區。將所有球員分成相等人數的兩個球隊（每隊至少六位球員）。一隊球員扮演防守者站在場區的外圍，另一隊球員則是進攻者，每一位進攻者擁有球權站在場區內。一開賽進攻者隨興的在場內帶球，教練一聲令下，防守者快速奔跑進入場區，並且試圖從帶球者一方刺球。防守者可以使用擋球或刺球的技巧，滑刺球由於空間的限制，禁止使用這種技巧。假如防守者刺球成功，帶球者就被判離場，並且立即的指派另一位帶球者。防守者每次將球踢出場外，就得1分。帶球者失去了控球權應該要立刻拾回來，並且重新進入比賽。比賽時間3分鐘，然後角色互換再繼續操作。

防守方記錄自己的得分。

1.增加防守者難度

* 擴大比賽的面積。
* 帶球者要多於防守者。

2.降低防守者難度

* 縮小比賽場地面積。
* 防守者要比帶球者多。

成功的檢查點

* 迅速接近球體。
* 確定身體的控制和平衡。
* 維持低重心。
* 執行強力的刺球和決心。
* 避免刺球前撞擊帶球者。

操作成功的給分

0～4分防守者＝1分

5或5分以上防守者＝3分

你的總分：_____

成功的結論

在球隊進攻時，球員能夠持續地擊敗對手的帶球扮演了重要的角色。即使某些球員他們天生比起其他人是較佳的帶球者，每個人都能夠發展出有效的帶球技巧。多練習是唯一的法則，你所需要的是一顆球和一個開放的場地，切記帶球是個人的藝術，可以有各種不同的表現方式。動作練習時可以對著固定的三角錐當作假想防守者，或是和活生生的隊友一起訓練。特別要注意的是，你能夠變換速度和方向的能力、身體和腳的欺敵動作，還有以身體護球的能力。檢視練習所有的照片和成功的檢查點來評估整體的表現，並且獲得有益的改進建議。

增進個人的防守技巧也很重要。無論是在練習或實際的比賽情境下，練習有三個技巧：擋球、刺球和滑刺球。可能的話，觀看你自己在訓練或實際比賽的錄影帶，來評估自己操作各種鏟球技巧的能力。

在這個階段，每次的練習都給1分。如此你就可以評估自己的運動表現，並且畫出你進步的圖表。在以下的表格，輸入你的得分和計算你的總分。

擊敗對手帶球練習

1. 之字型練習（5分裡面得_____分）
2. 破壞防守者的身體平衡（5分裡面得_____分）
3. 面對被動防守者（5分裡面得_____分）
4. 兩點間的競賽（5分裡面得_____分）
5. 帶球計分（6分裡面得_____分）
6. 策略性帶球（5分裡面得_____分）

維護控球權的帶球練習

1. 小圈圈（5分裡面得_____分）
2. 無設防的帶球（5分裡面得_____分）
3. 磁吸效應（5分裡面得_____分）
4. 接收動作（5分裡面得_____分）
5. 閃避挑戰（5分裡面得_____分）
6. 個個擊破（5分裡面得_____分）

快速帶球練習

1. 快速帶球接力（5分裡面得_____分）
2. 誰先抵達罰球區（5分裡面得_____分）
3. 進攻或防守（3分裡面得_____分）
4. 帶球通過開放球門（3分裡面得_____分）

護球練習

1. 一對一（5分裡面得_____幾分）

2. 從兩人防守下脫離（5分裡面得＿＿＿分）

3. 全隊彼此對抗（5分裡面得＿＿＿分）

鏟球練習

1. 擋球（3分裡面得＿＿＿分）

2. 拒絕穿越（5分裡面得＿＿＿分）

3. 角逐激烈的方形場區（5分裡面得＿＿＿分）

4. 滑刺球（3分裡面得＿＿＿分）

5. 全面鏟球（3分裡面得＿＿＿分）

總分（110分裡面得＿＿＿分）

　　總分高於90分，就意味著你已經準備好要邁向單元二的挑戰。65～89分之間的分數也算不錯，在你額外的練習帶球、護球和鏟球技術之後，你也能夠邁向單元二。分數在64分以下的話，就表示你沒有熟練單元一的技巧，所以應該繼續練習，在你邁向單元二之前去改善你的所有技巧表現。

單元二　滾動球的傳接

在比賽場上，足球是一個很珍貴的商品，每一位球場上的球員都想要得到它。沒有它，你的球隊就不可能得分。但事實告訴我們，二十二位球員要分享一顆球，要經由各種不同的傳球技巧來達成。

足球是一項團隊運動，必須要認知一支球隊擁有一群有天賦的球員但各行其是是不夠的。雖然球員的個人光環有些時候可以決定比賽的結果，最終，球隊的成功還是建立在球員的團隊合作。即使是極具天賦的球員，也不能夠單獨的去完成。要極大化球隊的表現，球員必須結合個人的才華來創造一個和諧有功能的球隊。傳球和接球的技巧，能夠整合十一位球員成為一體。也就是說，整體球隊的表現比起個人表現要強大很多。

在高水準的比賽，球員必須在有限時間和空間、疲憊的身心、對手的挑戰以及比賽壓力下準確的傳球、接球。通常傳球、接球是一體的，而且是互補的。理論上，每一次傳球應該是隊友來

接球和控球，掌握傳球、接球的技巧能夠使得隊友獲得球權、掌控比賽節奏，並且創造得分的時機。超水準的職業球隊，例如：巴塞隆納和曼徹斯特很明顯地展示了這樣的才華。

成功的傳球組合，包含：準確的傳球、正確的配速和適當的時間。一個球隊的球員不能夠準確的傳球的話，就沒有辦法做到得分的三要素組合。正確的配速和傳球的速度、重量有關，傳球的速度要能夠讓接球的隊員很容易控球，並且延續下個動作。傳球的時間和傳球當下的決定息息相關。傳球必須要能夠傳到隊友的腳下，這樣才不會破壞他的步幅。傳球太早或太遲，通常會導致失誤。

當傳球者完成了他的傳球任務，接著要看接球球員的功力。接球球員必須要很機靈的應付地面或空中的來球，並且去控球。滾地球通常是運用腳的內側或外側來控球，運用腳跟來接收一個滾地球是很罕見的。任何情況下，接球隊員必須要表現有如一柔性的標的物。

當來球接近球員的身體時，你必須能夠運用你的雙腳來化解球的強力撞擊，並且控球。當接球的時候，不要完全地把球停下。足球是一項行雲流水的比賽，所以在比賽的時候球很少是處於完全靜止的狀態。因此，大多數情況下，你應該朝著你下一個動作的方向來接球、控球，或者遠離挑戰對手的空間來接球、控球。

滾地球的傳輸

在一場比賽中，我們可以發現各種不同的傳球技巧。有一些是滾地球，也有些是高飛球，在大部分的情境下，滾地球是比較適用的。因為它比較容易掌控，且通常比較具備準確度。三種滾地球的傳球基本技巧：腳背傳球、推傳、外腳傳球。當然還有許多比較花俏的傳球技巧，例如：假動作腳跟傳球，即當一位球員持球時，用腳跟向後傳球給他的隊友，也可以使用在某種情境下；上面所提到的三種基本技巧使用的頻次較高，而且比較重要。技巧的選擇要依當時的情境，以及可能傳球的距離而定。

最基本的傳球類型，是第一項你必須要勝任的技巧，也就是推傳（見圖2.1）。推傳是利用5～10碼的距離傳球，也可以在短距離射門時使用。

當你接近球體的時候，面對著目標時肩膀必須呈直角。軸心腳置於球體旁邊，屈膝、腳趾朝著目標。踢球腳必須與目標呈直角，腳趾微微向上，並且遠離身體的中心線。運用腳部內側來踢擊球中心，鎖住踝關節，並且腳部穩固著地。跟進是一個短暫，強而有力的前踢動作。

錯誤的步驟
將球踢到空中。

修正方法
由於你的身體的重心向前，並且用腳趾頭把球踢到空中，以致於造成高飛球。必須是運用踢球腳的內側，介於腳踝與腳趾之間，來撞擊球體的水平中心線。

錯誤的步驟
失準。

修正方法
軸心腳置於球體旁邊而且朝向目標，臀部和肩膀正對目標，踢球的時候保持頭部定位，然後跟進動作必須朝著目標。

圖2.1　推傳

準備層面

1. 與目標呈直角。
2. 軸心腳置於球體旁邊並且朝向目標。
3. 肩膀和臀部與目標呈直角。
4. 踢球腳必須側向。
5. 雙臂置於兩旁幫助平衡。
6. 保持頭部定位，注視球體。

執行層面

1. 身體位置和目標呈直角。
2. 踢球腿擺動向前。
3. 守住踝關節，並且保持踢球腳穩定。
4. 運用腳部的內側踢擊球體中心。

跟進層面

1. 身體重量轉移向前。
2. 整個動量穿越球體。
3. 跟進動作短而穩固。

在一場球賽中，足球員很少是固定不動的，因此他們必須能做到準確的傳球。在這樣的情境下，腳外側的傳球（圖2.2）是最佳的選項，因為它能夠應用在短或中距離的傳球。

在執行腳外側傳球時，軸心腳微微在球後側方，踢球腳向後延伸，並且微微內轉。運用腳背的外側來踢擊球體的內半部，並使用由內向外踢的動作。保持踢球腳的穩固，並且雙臂置於身體外側協助平衡。在短傳時，運用彈腿的踢球動作來踢球。在踢遠球的時候，更完整的跟進動作是必要的。

單元二　滾動球的傳接

圖2.2 腳外側的傳球

準備層面	執行層面	跟進層面
1.軸心腳微微在球體的後側方。	1.踢球腿的膝蓋，必須超越球體。	1.身體重量轉移向前。
2.保持膝關節彎曲。	2.在膝關節部位執行向前彈腿的動作。	2.採用由內往外的踢球動作。
3.踢球腳向後延伸，在軸心腳的後方。	3.保持腳的延展和穩固。	3.踢球腿運用彈腿跟進動作。
4.踢球腳向下並向內轉動。	4.運用腳背外側，踢擊球體的內半部。	
5.保持頭部固定位置，並注視球體。		

 錯誤的步驟
球體離開地面。

修正方法
踢球時觸球的瞬間，踢球腿的膝蓋要置於球體的前面。踢球腳向下，並且保持向內轉動。踢球時身體重心向前。

 錯誤的步驟
傳球欠缺配速。

修正方法
踢球時儘量運用腳部多一點的面積，並且在球體的左側或右側的垂直中線上。保持踢球腳的穩定，並運用短暫且強力的踢球動作。

無論是滾地球或是高飛球，腳背（直接位於鞋帶下方的面積）提供一個堅固平穩的表面，可以運用在比較長距離的傳球。另外，用來傳滾地球的技巧（見圖2.3），從球體後方的小角度來接近球體。屈膝，軸心腳置於球體旁邊，腳趾朝著目標，踢球腿向後拉。保持頭部的固定位置，注視球體。當用腳背運球的時候，肩膀和臀部與目標呈直角。踢球腳在觸球的剎那要向下，踢球的力學跟射門當下的情況非常類似。

圖2.3　腳背傳球

準備層面
1. 在球後方小角度接近球體。
2. 屈膝，軸心腳置於球體側面。
3. 肩膀和臀部與目標呈直角。
4. 踢球腿向後拉，整隻腳延伸並且穩固。
5. 保持踢球腿的膝關節超越球體。
6. 保持雙臂置於身體兩側協助平衡。

執行層面
1. 保持頭部固定注視球體。
2. 身體重心向前。
3. 開始踢球動作。
4. 抱持腳部的延展和穩固。
5. 運用腳背觸擊球體中心。

跟進層面
1. 向前產生動力穿越球體。
2. 保持身體重量，在軸心腳的前腳掌中心。
3. 踢球的跟進動作要在腰部高度以上。

 錯誤的步驟
球體向上，在空中飛行。

修正方法
錯誤步驟的形成是因為你的軸心腳置於球體的後方。滾地球的踢法，軸心腳必須

單元二　滾動球的傳接

在球的側面，如此才能夠造成你的踢球腿的膝關節能夠超越球體。這會使你觸球時整個腳部可以完全的延展，並且腳趾向下。

錯誤的步驟
失準。

修正方法
踢球瞬間，肩膀和臀部必須與目標垂直，保持踢球腳的穩固。運用腳背較大的面積直接踢擊球體的中心。運用一個完整的跟進動作，來產生較大的傳球距離。

滾地球傳輸練習一　面對牆推傳

面對一面牆，5碼處放置一足球並用腳部內側技巧（推傳）來對牆傳球。當球反彈回來瞬間，馬上把球踢向牆面，這種練習稱為一次觸球傳球。重複連續五十次的傳球，盡可能兩腳替換使用。

1.增加難度
- 將球移至離牆10碼處。
- 增加速度和重複次數。
- 運用非慣用腳來操作所有的傳球。

2.降低難度
- 向前移動靠近球體。
- 先停球再傳球（兩次觸擊傳球）。
- 運用較強的慣用腳，來操作所有的傳球。

成功的檢查點
- 支撐腳置於球體側面，並且朝向目標。
- 保持踢球腳的穩固。
- 肩膀和臀部與目標呈直角。
- 運用腳部的內側來踢擊球的平行中線。
- 跟進動作朝著目標。

操作成功的給分
沒有失誤的一次傳球少於25次＝0分
沒有失誤的一次傳球25～34次＝1分
沒有失誤的一次傳球35～44次＝3分
沒有失誤的一次傳球45次以上＝5分
你的總分：＿＿＿＿

滾地球傳輸練習二　快速進攻

和兩位隊友一起比賽。兩位供球者（A和B）面對面距離16碼，每人手持一球。在每位供球者的面前，設置2碼寬的球門標記。你（中間球員）站立在兩位供球者之間的位置。供球者A開始傳球給你，你運用腳部內側的傳球技巧將球回傳經過球門，然後再給供球者A。完成傳球的動作之後，立即轉向去

迎接供球者B的來球，操作同樣的回傳動作。在交換供球者位置之前，持續執行四十次的一次觸球推傳。持續練習直到每位球員都輪替了中間的位置。

1.增加難度

- 增加供球者的距離到20碼。
- 增加重複次數。
- 縮短球門的寬度到1碼。

2.降低難度

- 縮短供球者之間的距離至12碼。
- 允許中間球員兩次觸球來傳接球。
- 擴大球門的寬度到3碼。

滾地球傳輸練習三　兩次觸擊傳球後與支援移位

組織包含四到六位球員的兩個球隊。兩隊距離15碼，面對面。線A的第一位球員傳球給線B的第一位球員之後，立即快跑至線B的尾端來支援（跟進）整個傳球動作。線B的第一位球員向前移動一至兩步來迎球，準備一次觸球的動作。然後將球傳至線A的下一位球員，之後立即快跑到線A的尾端來支援傳球。持續這個練習直到每位球員完成三十次的傳球，球員必須使用兩次觸擊的傳球。

1.增加難度

- 擴大傳球距離至20碼。
- 運用非慣用腳。
- 增加速度和重複次數。
- 只允許一次觸擊傳球。

2.降低難度

- 縮短傳球距離。
- 允許三次觸球來控制傳球。

單元二　滾動球的傳接

滾地球傳輸練習四　六對二攻防

運用標記來界定一個12×15碼的比賽場區。指定六位進攻球員和兩位防守球員。防守人員必須站在場區裡面，進攻球員沿著正方形的內側散開，其中一位持球。六位進攻球員嘗試著不讓兩位防守球員，在場區內抄球成功。進攻球員可以使用腳內側或腳外側的技巧來傳球。進攻者必須在兩次觸球或一次觸球的限制下來傳球。假如防守者成功的抄球或將球踢出場外，犯下錯誤的進攻者就變成防守者，同時防守者就變成進攻者。持續比賽15分鐘，記下每一位球員的錯誤（失去球權）。

1.增加進攻者難度
- 要求一次觸擊傳球。
- 縮小比賽場區的面積。

- 增加第三位防守者。

2.降低進攻者難度
- 擴大比賽場區的面積。
- 採用一位防守者。

成功的檢查點
- 保持抬頭，注視場區。
- 肩膀和臀部必須與目標呈直角。
- 保持踢球腳穩固和在正確的位置上。
- 穩定的朝向目標踢球。
- 不斷的移位，接到傳球的機會。

操作成功的給分
15分鐘內9次以上的失誤＝1分
15分鐘內6～15次以上的失誤＝3分
15分鐘內0～5次以上的失誤＝5分
你的總分：＿＿＿＿＿

滾地球傳輸練習五　方形場區內立即回傳

整個球隊都可以參加練習。兩位球員一組，每組站在罰球區內。每組一個球。所有球員在罰球區內隨意的慢跑，持球者在場內帶球。帶球者以傳－走的傳球方式，將球傳給場內任何一位沒有球的球員。帶球者和他的屬意目標球員交換眼色，以便將球迅速地傳給對方。然後帶球者立即向前快跑到接球者的前方，來操作一次觸擊的傳球。然後繼續帶球，尋找其他的無球球員來繼續操作立即回傳傳球。帶球者傳球時必須運用腳外側，這是在執行一個對牆傳球最適

當的傳球腳步。持續練習5分鐘，一直到球員角色互換之後，再持續另外的5分鐘。記錄下所有失準的傳球，例如：破壞了立即回傳組合的傳球方式。

1.增加難度
- 縮小比賽場區。
- 增加防守者來壓迫帶球者。

2.降低難度
- 擴大比賽場區。
- 以半速來執行練習。

成功的檢查點
- 朝著目標帶球。

- 運用腳外側來傳球。
- 向前跑來迎接回傳球。

7次以上失準的傳球＝1分

4～6次失準的傳球＝3分

0～3次失準的傳球＝5分

你的總分：＿＿＿＿

滾地球傳輸練習六　多重球門射門

　　組織兩個球隊，每隊球員四到六人。運用標記界定40×40碼的場區，在場區內任意放置三角錐或旗子代表六個小球門。每一球門2碼寬。球隊的球員可以對著六個球門射門，同時也必須防守所有六個球門。球員必須要能夠完成穿越球門的傳球給在另一邊的隊友，才算得分。每一次傳球得分，也就是傳球者得分。球員可以從球門的任何一方來傳球，但是不可以針對同一球門連續兩次的傳球。整個練習採用正規的足球規則，但是球隊在得分以後，並不交換球權，還有越位的規則就不使用。所有的得分必須是運用腳的內側或外側的傳球技巧。整個練習時間5分鐘，並記錄下你的得分。

1.增加難度
- 縮小場區面積。

- 縮短球門寬度至1碼。
- 增加一位中立球員來加入防守隊，支援防守者，造成進攻者的劣勢。

2.降低難度
- 擴大球門。
- 增加球門數量。
- 增加一位中立球員，協助進攻隊，造成多一位球員的優勢。

成功的檢查點
- 整合隊友來控制球權。
- 奮力來執行傳球的準確度和調整配速。
- 在較少的防守情況下進攻球門。

操作成功的給分
0～1分＝0分

2～5分＝2分

6或6分以上＝4分

你的總分：＿＿＿＿

滾地球傳輸練習七　一次觸擊傳球給空檔球員

　　三位球員（供球者）肩靠肩間隔2碼，第四位球員就是目標球員，面對供球者在7碼的距離位置。供球者一號和二號腳上各有一個球，供球者三號沒有球。一號球員開始把球傳給目標球員，目標球員運用腳內側或外側，一次觸球將球傳回給沒有球的三號球員。二號球員立刻將球傳給目標球員，目標球員將

球回傳給無球的一號球員。全速進行這樣的練習，完成四十次的傳球一直到供球球員之一的位置和目標球員交換位置。重複的練習一直到每位球員，都輪流扮演目標球員的角色為止。每一次觸擊傳球，成功的傳到開放的供球者腳下時就得1分，記錄每一次的得分。

1.增加難度
- 使用四個供球球員和三個球。
- 增加傳球的距離。

2.降低難度
- 使用兩個供球球員和一個球。
- 縮短傳球距離。

- 允許兩次觸擊的回球。

- 保持慢跑的狀態。
- 肩膀或臀部對準目標。
- 踢球者穩固踢球腳。
- 向前移位迎球。
- 朝著目標跟進。

操作成功的給分

24或少於24分＝1分

25～29分＝3分

30～34分＝5分

35～40分＝7分

你的總分：＿＿＿＿＿

滾地球傳輸練習八　移動的目標

整個隊伍都參加這個練習。運用標記來界定一個30×30碼的比賽場區，指定五位持球的球員當作追逐者，站立在場區的外圍。剩餘的球員（移動的目標）沒有球，站立在場區裡面。指令一下，追逐者帶球進場試圖來擊中移動的目標。主要目的是要將球踢中移動目標的膝關節以下的部位，扮演目標的球員也要試圖瞬間的改變速度和方向，來避免被追逐者踢中。任何一位目標球員被踢中之後，立即轉變成追逐者，原來的追逐者就變成目標者。每一位追逐者擊中對手的膝關節以下的傳球就得1分，持續比賽10分鐘。可以運用我們所討論的任何傳球技巧，並記錄下每位追逐者的得分。

1.增加追逐者難度
- 擴大比賽場區。
- 使用非慣用腳來傳球。

2.降低追逐者難度
- 縮小比賽場區面積。

成功的檢查點
- 選擇適當的傳球技巧。
- 保持傳球腳在適當的位置上。
- 朝著目標跟進。

操作成功的給分

0～2分＝1分

3～4分＝3分

5分或5分以上＝5分

你的總分：＿＿＿＿＿

足球

邁向卓越

滾地球傳輸練習九　傳球並移位至開放空間

　　放置四個標記代表30×30碼場區的四個角落，在靠近正方形場區的中央擺設另一個標記。四位球員參加比賽，每位球員站在每一個角落的標記上，中間的標記是開放的。每位球員都給一個球，持球的球員將球傳給其他球員，然後快速跑至開放的無人標記。同樣的，接到球的球員也立即將球傳給別的球員，然後也快速地跑至無人的標記，重複演練。每一次準確的傳球給隊友（隊友在標記1碼內的範圍內接球）得1分。運用比賽的速度來練習。持續這樣的練習，直到每位球員完成了三十次以上傳球為止。

1.增加難度

- 增加傳球距離。
- 所有的傳球必須使用非慣用腳。
- 所有的傳球必須使用一次觸擊。

2.降低難度

- 縮短傳球距離到15碼。
- 以半速來練習。
- 允許無限制地觸擊來傳球、接球。

成功的檢查點

- 維持傳球腳的穩固和位置。
- 肩膀和臀部對準目標。
- 朝著目標完成踢球的動作。
- 傳球之後快速奔跑至無人的標記。

操作成功的給分

0～14分＝1分

15～19分＝3分

20～25分＝5分

你的總分：_____

滾地球傳輸練習十　第三位球員傳球

　　放置四個鑽石型的標記在場內，每個標記間隔15碼。五位球員參賽：兩位球員站在第一個標記（一位持球），剩下的球員各站在一個標記上（這些球員沒有球），有球的球員傳球至下一個標記，也就是第二個標記，然後快跑去支援（跟進）傳球。接球的球員將球以短捷的一次觸球，將球回傳給原來的傳球者，然後將球傳給下一個標記，也就是第三個標記，再跑至第二個標記的位置。原來在第二個標記的球員就跑向第三個標記的接球球員，接到隊友傳的短傳之後，就把球傳給第四個標記的球員。這樣的傳球順序持續到每位球員都把球傳到下一個標記，接到一個短傳再回傳，然後再傳至第三位球員。練習持續到每位球員完成四十次的傳球為止，每一次準確的傳球給第三位球員，就得1分。

1.增加難度

- 增加傳球距離。
- 要求所有的傳球，必須是一次觸擊。

2.降低難度

- 縮短傳球距離至10碼。

- 以半速來練習。
- 允許無限制的觸擊來傳球、接球。

- 保持傳球腳的穩固和適當位置。
- 肩膀和臀部對準目標。
- 朝著目標完成整個踢球動作。

- 在傳球之後，快步向前去迎接回球。

20～25次準確的傳球＝1分
26～30次準確的傳球＝3分
31或31次以上準確的傳球＝5分
你的總分：＿＿＿＿

接滾地球

正如我們之前所討論的，傳球和接球的技巧就像同樣一個硬幣的兩面，他們是連接在一起且彼此互補的來創造它的價值。假如球員們欠缺了正確的接球技巧，那麼球隊將不能夠將傳球的組合串聯在一起，來創造得分的機會。同樣的，假如傳球技巧不足，那麼接球的技巧也就沒有多大用途。這兩者是相互依存的。

滾地球通常是用腳的內側或外側來接球或控球，有時候也運用到腳底。我觀察到，腳底的技巧在室內足球使用的頻率較高，因為空間的限制導致球員在接球的時候，總是會處於對手的挑戰下。然而這個技巧在戶外較大的場區，

也能夠使用。將球脫離挑戰對手的壓迫，很快地變換前進方向。

運用腳內側接球

運用腳內側接球（見圖2.4），正如名稱所見，那是使用腳的內側來接球和控球。這個技巧通常適用在不是來自對手的直接壓力。向前移位去迎接來球，延展你的接球腿，並且將你的接球腳側向，腳趾朝上遠離身體的中心線。要緩衝球的強力撞擊（創造一個軟性標的物），撤縮你的腳去迎球。絕對不要去完全停球。在大多數情境下，接球和控球是你的下一個動作方向，或是遠離鄰近對手的空間來進行是占有優勢的。

錯誤的步驟
球彈離你的腳，並遠離你的控制範圍。

修正方法
當你接球的時候要有一個軟性標的物的概念，撤縮你的腳緩衝撞擊，並朝著下一個動作的控球方向前進。

錯誤的步驟
球滾到你的腳底下。

修正方法

這個情形的發生是因為你接球的腳的位置不適當，或眼睛沒有注視球。迎球時要保持頭部的穩定，並聚焦在踢球點上。抬起接球腳離地大約1英寸（2.5公分），並使用腳內側來踢擊球體的水平中心線（球心）。

圖2.4　腳內側接球

準備層面
1.朝著球的方向移動。
2.延展接球腿去迎球。
3.接球腳置於側面。
4.保持腳踝鎖定的狀態和接球腳的穩固。
5.保持頭部固定，注視球體。

接球層面
1.運用腳內側來接球。
2.撤縮腳步來迎球，並緩衝撞擊。
3.帶球至遠離鄰近對手的空間。

跟進層面
1.將球推進到下一個動作的方向。
2.保持抬頭，注視全場。

運用腳外側接球

　　在一場賽事中，有時候會在接球的剎那面臨對手嚴密的防守來挑戰球權。在這種情況下，腳內側的踢球並不是最適當的選項，因為防守的隊員或許比較容易用腳侵入來把球踢開。最好是將你的身體置於球和挑戰對手之間，創造更多的空間用腳外側來接球（圖2.5）。身體側面，用離對手比較遠的腳來接球。接球腳轉向內側並且向下，然後使用腳背的外側來接球。將球推進到遠離對手的空間，將讓你有額外的時間來傳球，或是脫離壓迫。

圖2.5　腳外側接球

準備層面
1.向球移動。
2.身體側向置於球和對手之間。
3.保持微蹲低重心的姿勢。
4.運用離對手較遠的腳來接球。
5.保持頭部的穩固，注視球體。
6.對對手的壓迫作出回應。

接球層面
1.延展接球腳朝下，並轉向內側。
2.運用腳背的外側來接球。
3.稍微撤縮接球腿來緩衝撞擊。
4.將球推進遠離挑戰對手的空間。

跟進層面
1.需要的時候，不斷調整身體姿勢護球。
2.保持抬頭，注視全場和對手。
3.將球朝著下一個動作方向推進。

 錯誤的步驟
當你接球時，沒有完成護球的動作，造成對手的腳入侵，並且把球抄走。

修正方法
身體側向置於球和對手之間來創造更大的空間，運用離對手較遠的腳來控球。不

斷的調整身體的位置來呼應對手的動作。

錯誤的步驟

防守者面對你來抄球。

修正方法

當你準備接球時，總是要朝著球移動。第一位抵達球位置的球員，總是占優勢。

用腳底來接球

當對手從你背後試著來挑戰抄球時，有效的應用腳底帶球和控球是適當的技巧。你背向防守者保持球和對手之間最大的距離，並延展你的接球腿去迎接球，並運用腳底來控球。你的肩膀和臀部對準球體，接球腳的角度向上，並用腳底把球控制在地面上，運用這種姿勢，你就可以運用腳底將球向前或向側面來滾動，避開對手的挑戰。

錯誤的步驟

當你用腳底接球的時候，感到笨拙和動彈不得。

修正方法

保持支撐腳微彎，兩臂置於身體外側來協助平衡。這將有助於降低重心，並且加強你的活動力。且這個姿勢對於對手的動作，能夠迅速作出回應。

錯誤的步驟

防守者將球踢走。

修正方法

身體靠近挑戰的對手，創造對手和球之間的距離。針對防守的壓迫，作出帶球的回應。

單元二　滾動球的傳接

圖2.6　腳底運球

準備層面
1.朝球的方向移動。
2.雙手置於兩側幫助平衡。
3.兩膝微彎，抱持低重心。
4.接球腿向球延伸。
5.接球腳角度朝上。

接球層面
1.背靠防守者來迎球。
2.以腳底來控球。
3.保持球和防守者之間的距離。

跟進層面
1.面對防守者的壓迫作出回應。
2.運用腳來踢滾地球。
3.試著脫離防守者來釋放壓力。

足球
邁向卓越

接滾地球練習一　舞動的腳

　　兩人一組，面面相對，間隔5碼，一位隊員持球。在指令下，隊友在60秒內盡可能的來回滾地傳球，越多次越好。隊員必須使用兩次觸擊來控球和回球。超過兩次觸擊的傳球，就被判罰1分。記錄下你的罰分。操作五回合各60秒的練習，中間短暫的休息。

1.增加難度
- 增加練習時間到90秒。
- 增加傳球距離到10碼。

2.降低難度
- 允許三次的觸擊來控球、帶球和回球。

- 提早選擇一個正規的接球技巧。
- 提供一個軟性標的物。（撤退的接球表面）
- 順暢的接球動作。
- 運用第一次觸擊作準備，第二次觸擊傳球。

5回合裡面超過7次的罰分＝2分
5回合裡面3～6次的罰分＝3分
5回合裡面0～2次的罰分＝4分
你的總分：＿＿＿＿＿

接滾地球練習二　轉身帶球和傳球

　　全隊球員都參加。所有球員站在場區的半場內，每兩位球員使用一個球。指令一下，所有球員開始穿越場區，持球的球員開始以數碼的配速來帶球，然後再將球傳給移動中的無球隊友。接到球的隊員必須向左或向右轉身作出一次觸擊的動作，然後朝著那個方向傳球給無球隊友時帶球數碼。運用腳內側或外側來迎接或控制所有的傳球，隊員必須要應用一次觸擊向左或向右傳球，但絕對不可以停球。假如隊員使用一次以上觸擊來傳球到不同的方向，會被判罰1分。整個練習持續10分鐘，並記錄下你的罰分。

1.增加難度
- 增加幾位防守者來挑戰接球球員。

2.降低難度
- 接球時允許二或三次的觸擊，來接球、控球和傳球。
- 運用半速來練習。

- 朝著球方向移動來接球。
- 以流暢的動作帶球且變換方向。
- 撤縮接球腳來迎球。
- 轉身時扎實的控球。

罰分超過10分＝1分
罰分6～9分＝3分
罰分0～5分＝5分

單元二　滾動球的傳接

接滾地球練習三　兩次觸擊的攻防

　　運用標記來界定12×12碼的比賽場區。四位球員組成進攻隊，並且嘗試著脫離第五位球員（防守球員）的防守。進攻球員只允許兩次觸擊來接球和傳球。球員必須運用最適合當下情境的接球技巧，當進攻球員犯錯導致把球權讓給防守球員時，就判罰1分。當防守者抄球成功，或是進攻球員運用超過兩次觸擊來接球、傳球時，就造成違例的錯誤。這時就罰場外球，犯錯的進攻者就轉換成防守者，同樣的防守者犯錯就轉換成進攻者。比賽時間5分鐘。

1.增加攻擊者難度

- 縮短比賽場區到8×8碼。
- 增加第二位防守球員。

2.降低攻擊者難度

- 擴大比賽場區到15×15碼，讓進攻者有更多的空間和時間。
- 允許進攻者三次觸擊傳球、接球。
- 增加第五位進攻球員。

成功的檢查點

- 選擇適當的接球技巧。
- 提供柔軟的接球表面。
- 控球遠離防守者的位置。
- 保持順暢的帶球，不准停球。

操作成功的給分

5分鐘的比賽犯了10次以上的錯誤＝1分

5分鐘的比賽犯了6～9次的錯誤＝3分

5分鐘的比賽犯了0～5次的錯誤＝5分

你的總分：_____

接滾地球練習四　傳球、轉身、重複操作

　　球員A和B（接球者）背靠背站立在球員C和球員D（供球者）中間，球員C和球員D間隔15碼，且球員C和球員D各持一球。練習開始，接球球員朝著對面的供球球員移動，供球球員運用滾地球的傳球方式傳給接球球員，接球球員應用第一次觸擊來接球、控球，並用第二次觸擊回傳給供球球員，然後轉身離開跑向對面的另一位供球球員，重複以上練習。運用最快的速度，持續練習90秒，一直到接球球員和供球球員角色交換，再重複此項練習。檢查球員必須使用兩次觸擊來接球和傳球，每一位球員扮演四次接球球員。當球員運用超過兩次觸擊來接球和回球給供球球員時，就被判罰1分，記錄下所有的罰分。

1.增加接球球員難度
- 增加第三位供球者，也就增加了傳球的次數。
- 每一回合增加持續時間到120秒。
2.降低接球球員難度
- 允許三次觸球來接球或回球。
- 運用半速練習。

- 對供球者嚴格檢驗。
- 隨時保持平衡和控制身體。

- 準備一次觸擊來傳球和接球。
- 隨時保持控球狀態。

在4回合各90秒的練習中超過8次罰分＝1分

在4回合各90秒的練習中4～7次罰分＝3分

在4回合各90秒的練習中0～3次罰分＝5分

你的總分：＿＿＿＿＿＿

接滾地球練習五　不同方向接球

在50×50碼的場區比賽。運用標記來界定六到八個小球門（3碼寬），任意的放置在場區裡面。兩位球員一組，每組一個球。每一組隊員越過場區的時候，儘量運用各種傳球技巧來通過球門。每一組隊員不允許連續穿越同一個球門兩次，在完成穿越一個球門之後，接球的球員帶球，邁向不同的球門。同時，他的夥伴快速前進去接一個直接射向另一個球門的回球。球員在帶球至另一個球門之前，僅允許兩次觸擊來接球和控球者，每一次球穿越了球門而沒有運用兩次觸擊來接球和控球，隊友就被處罰1分。記錄下每一組的罰分，持續的練習直到你和你的夥伴已經完成了三十次的穿越球門的動作。

1.增加難度
- 增加傳球的必要次數。
- 縮小球門大小至2碼。
2.降低難度
- 允許目標球員三次的觸擊，來接球和控球。
- 減少傳球的次數。

- 提供柔性的接球表面。
- 準備第一次觸擊接球。
- 隨時保持控球狀態。

5分或5分以上的罰分＝1分

3～4分的罰分＝3分

0～2分的罰分＝5分

你的總分：＿＿＿＿＿＿

單元二　滾動球的傳接

接滾地球練習六　二對二（加二位球員）

每兩人一對，組織三個隊伍。每一對分配不同顏色的背心，比賽場區12×15碼。比賽開始指定一隊為防守者，另外剩餘兩隊組成一個四名球員的進攻隊。進攻隊伍要嘗試著在場區內，閃避防守者來護球。進攻隊員之間允許少於三次的觸擊，來互相傳球、接球。當一防守球員抄球成功，或是一名進攻球員將球踢出場外，或當一名進攻球員用三次以上的觸擊傳球、接球，都會造成進攻隊失去球權的情況。造成失去球權的兩個球員立即變成防守隊，原來的防守隊伍就加入剩餘的進攻者。比賽時間持續10分鐘，一直到進攻隊和防守隊互換為止。每個球員運用超過三次的觸擊來傳球、接球，或是失去球權就被判罰1分，記錄下個人的罰分。

1.增加進攻者難度

- 增加一位中立球員來幫助防守隊伍，造成進攻隊伍的一對二的情況。
- 縮小比賽場區到10×10碼，以便減少傳球、接球的可用時間和空間。

2.降低進攻者難度

- 增加兩位中立球員來加入進攻隊伍，造成進攻隊有四位球員的優勢。
- 允許進攻球員三次觸擊，來接球、控球和傳球。
- 擴大比賽場區至15×20碼。

成功的檢查點

- 當面對來球時，縮減接球表面。
- 接球和控球的空間要遠離防守者。
- 保持抬頭並瞭解傳球的選項。
- 快速的在球員之間傳球。

操作成功的給分

罰分9或9分以上＝1分

罰分5～8分＝3分

罰分0～4分＝5分

你的總分：＿＿＿＿

成功的結論

有效率的傳接球技巧，是一個成功球隊的基石。傳接之間就串聯了場上十位球員，成為一個凝聚的隊伍。一旦你熟練了我們在單元二介紹的傳球技巧，你將變得更有信心，而且能成為一位更優秀的全能足球員。當你和你的隊友共同努力改善了足球素質之後，比賽本身將變得更有觀賞性。古諺云：熟能生巧。一開始針對每一項技巧正確、認真的演練，逐漸的增加動作難度和比賽的壓力、限制空間和時間，並且挑戰對手，讓整個的練習更接近模擬眞正比賽的情境。

在這個單元的每個練習，都會給予評分，來幫助你對自己的表現作出評估，並且記錄你的進步情況。登入你的

得分和總分，來評估你成功的情形。

滾地球傳輸練習

1. 面對牆推傳（5分裡面得_____分）
2. 快速進攻（5分裡面得_____分）
3. 兩次觸擊傳球後與支援移位（5分裡面得_____分）
4. 六對二攻防（5分裡面得_____分）
5. 方形場區內立即回傳（5分裡面得_____分）
6. 多重球門射門（4分裡面得_____分）
7. 一次觸擊傳球給空檔球員（7分裡面得_____分）
8. 移動的目標（5分裡面得_____分）
9. 傳球並移位至開放空間（5分裡面得_____分）
10. 第三位球員傳球（5分裡面得_____分）

接滾地球練習

1. 舞動的腳（4分裡面得_____分）
2. 轉身帶球和傳球（5分裡面得_____分）
3. 兩次觸擊的攻防（5分裡面得_____分）
4. 傳球、轉身、重複操作（5分裡面得_____分）
5. 不同方向接球（5分裡面得_____分）
6. 二對二（加二位球員）（5分裡面得_____分）

總分（80分裡面得_____分）

　　加總總分超過65分，表示你已經充分的熟練以上的技巧，並且可以準備向前移動至單元三。分數介於45～64分之間表示技巧不夠純熟，當然針對你比較困難的傳接技巧多點練習之後，也可以向前移動到單元三。分數在44分以下，表示對於各種不同的傳接技巧是欠缺能力的，建議你在向前至單元三之前，應該再複習和練習我們在單元二所討論到的各種技巧。

單元三　高飛球的傳與接

在大多數的比賽情境下最好是傳滾地球，因為滾地球通常比起高飛球比較容易掌控，而且更具準確度，但是有時候高飛球卻是你最佳選項。舉例來說：你的對手會站在阻擋你傳球的區域，也就是在你和隊友之間，這時候你會決定要將球傳高來穿越對手到你隊友的腳下。現代的防守變得更有組織化，而且不容易突破。所以傳高飛球，在球隊進攻時就扮演了重要的角色，甚至於一個對角的傳球，很快地就會改變了攻擊點。最後在面對遠離球門的守門員時，可以挑起高飛球穿越守門員來得分。

你必須要能夠勝任在不同距離的高飛傳球才能掌握這些機會，比較常用的兩個基本技巧有：挑高球和腳背的高飛傳球。技巧的選擇主要是依據球必須飛行的距離和高度，來穿越防守球員而定。當然你也必須能夠很熟練的去接和控制，從空中著地的球。單元三的內容，是針對發展你的傳和接高飛球的能力和信心而設計。

高飛球的傳球

踢高飛球之時，身體後仰並且用腳來踢擊球體的三分之一底部才可以飛起來。重點是踢高的球，必須要達到超越在你和目標之間的防守隊員的位置。基本的挑高球技巧，適用在距離較短或中距離的傳球。至於腳背傳高飛球比較適用在較長距離的傳球，或是在比賽場區內從一點改變到另外一點的進攻點的改變。

挑高球

挑高球的技巧是用在超越位於傳球區域的防守隊員，將球挑高傳給隊友。這種情況的發生可能是在一般的比賽中，也可能發生在當對手於防守自由球時築成了一道防守牆。在這兩種情況下，一次正規的挑高球能夠創造在防守隊員後方的開放空間。

執行挑高傳球（圖3.1）時，從球後方以小角度來接近球，支撐腳置於球側，向後延伸你的踢球腿並保持穩固。當你用腳背踢球的底部時，你的肩膀和臀部要對準目標，運用簡短有力的踢球動作加上微微的跟進動作，來產生傳球的瞬間高度。踢球腳置於球體下方，同時也會產生球體的下旋，這樣會造成比較容易控制的柔性傳球。

錯誤的步驟

傳球的高度不夠來穿越在傳球區域的對手。

修正方法

將腳背置於球體下方，採用短而有力的彈腿動作將球踢到空中。

錯誤的步驟

傳球沒有到位。

修正方法

將你的肩膀和臀部對準目標。保持踢球腳的穩固，並且用腳背的內側來踢球。短捷的跟隨動作。

圖3.1　挑高球

準備層面

1.以小角度接近球的後方。

2.屈膝，支撐腳置於球的側面。

3.踢球腿向後延展，並保持穩固。

4.保持雙臂置於身體兩側，協助平衡。

5.保持頭部定位，注視球體。

執行層面

1.踢球腿的膝關節要超越球體。
2.身體微微向前,肩膀和臀部對準目標。
3.腳背的內側置於球的底部。
4.在觸球當下,保持踢球腳的穩固和延展。
5.運用短捷有力的踢球動作。

跟進層面

1.運用向前動量穿越踢球點。
2.向前彈踢球腿。
3.造成球體下旋飛行。
4.用微微的跟進動作。

腳背傳高飛球

運用腳背部位踢球,基本上是較長距離的傳球。除了在觸球當下身體微微後仰和運用踢球腿較長的跟進動作以外,其踢球的力學和腳背踢滾地球十分相似。

論及腳背踢高飛球(圖3.2),一開始從球的後方小角度接近球體,支撐腳置於球後方可以讓踢球腿產生較大的跟進動作,並且在踢球時身體微微的後仰,以此姿勢來踢球能夠產生較高遠距離的傳球。當你運用腳背踢擊球底部時,要延展穩固你踢球腳的位置,運用完整的跟進動作。

圖3.2　腳背傳高飛球

準備層面	執行層面	跟進層面
1.以小角度接近球的後方。	1.踢球腿的膝關節稍稍置於球後方。	1.踢球腿向前伸直。
2.支撐腳置於球體的後側方。	2.身體向後仰，肩膀對準目標。	2.動量前移至支撐腳的上方。
3.踢球腿向後拉。	3.運用踢球腳的腳背，踢擊球的底部。	3.雙臂向前甩動。
4.保持踢球腳的延展和穩固。	4.全程保持踢球腳的穩固。	4.踢球腿的跟進動作，要達到腰部高度以上。
5.保持雙臂置於身體側邊協助平衡。		
6.保持頭部穩固，注視球體。		

錯誤的步驟
傳球太短，未達目標。

修正方法
觸球時保持踢球腳的穩固，並且踢球腿運用完整的跟進動作，在觸球點產生向前動量。

錯誤的步驟
傳球失準脫離目標。

修正方法
肩膀和臀部對準目標，身體後仰，運用全腳背來踢擊球體的下半部。保持踢球腳的穩固，踢球腿的跟進動作應該要產生朝著目標的動量。

高飛球傳球練習一　挑高球和接球

　　兩人一組，面對夥伴（供球者）距　　離5碼。供求者緩慢地將球滾向你的方

向，你運用挑高球將球踢回到供球者的胸部位置，供球者用手來接球，再重複同樣的程序動作，執行四十次的重複動作。運用每隻腳執行二十次挑高球，然後角色替換。每次挑高球準確地達到供球者的胸部位置就得1分，記錄下所有的得分。

1.增加難度
- 縮短距離至4碼，如此球就必須要更快的達到足夠的高度。
- 加快供球速度。

2.降低難度
- 定點挑球。

高飛球傳球練習二　滾地傳球與挑高球

兩人一組，供球者站在球門（沒有掛網）中間的10碼前。另一位夥伴面對供球者站在球門的對邊，同樣的距離球門10碼的位置。供球者開始將球滾向在球門另一邊的夥伴，接球者運用挑高球超越8英尺（2.4公尺）高的球門橫柱。踢球者可以運用他的慣用腳來挑球。當球落地的剎那，試著去控球，然後重複同樣的練習程序。踢球者每次成功地將滾地球挑高，越過球門落在供球者1碼的範圍內，就得1分。重複執行三十次，然後角色替換，再重複做。

1.增加難度
- 縮短球門兩邊的距離至7碼，如此一來，挑球就必須有更高的高度來穿越橫柱。
- 運用非慣用腳來挑高球。

2.降低難度
- 在挑高球穿越球門之前先停球。
- 使用較小的球門（6英尺，即1.8公尺高）。

高飛球傳球練習三　超越頭頂

　　兩人一組，面對隊友間隔20碼，第三位球員（供球者）位於兩端球員的中間。供球者使用緩慢地滾地傳球方式傳球給你，操作者向前移動一至兩步，然後挑高滾地球超越供球者的頭部，落在20碼外的第三位球員的前面。在完成每次的挑高傳球之後，球員輪換位置。你跟著球的方向到另一端的邊線，供球者移到你原來的位置，接球的球員帶球到供球者的位置。持續這樣的練習，直到每位球員完成了三十次的挑高傳球。每次的傳球能夠超越中間球員，並且能夠在接球員1碼範圍內落地得1分，球員允許運用慣用腳來挑球。

1.增加難度
- 增加滾地球的配速（供球者）。
- 要求球員運用非慣用腳來挑球。

2.降低難度
- 縮短傳球距離。
- 允許球員挑高固定位置的球。

成功的檢查點
- 肩膀和臀部對準目標。
- 腳背置於球的底部。
- 運用短捷有力的踢球動作。
- 朝著目標執行跟進動作。

操作成功的給分
0～14分＝0分
15～19分＝1分
20～24分＝3分
25～30分＝5分
你的總分：＿＿＿＿

高飛球傳球練習四　高飛球

　　組織兩個相同人數的球隊，各包含六到八位球員，每一隊都有一位守門員。兩隊穿著不同顏色的背心作區別。比賽場區70×50碼，場內兩端放置標記來界定一個8×8碼的球門。每一球門有一守門員，從場區的中圈開球。雙方隊員在他們的球門區也需要去防守，當球飛進對方的球門時，守門員在空中直接將球用手接住。守門員離開球門區是不允許用手來接球的，但他們在球門區之外可以用腳來控制滾地球。守門員接住一個射門球之後，可以直接將球傳給隊友，然後繼續比賽。進攻隊伍每次踢球進入球門，對方的守門員在空中接觸了球就得1分。除了得分方法之外，其他採用正常的足球規則。比賽時間25分鐘，得分較高的隊伍獲勝。

1.增加難度
- 縮小球門。

2.降低難度
- 擴大球門。
- 允許守門員帶球一次，再處理球。

成功的檢查點
- 迅速改變攻擊點（球的位置），來

創造得分的傳球區。

- 肩膀和臀部對準目標。
- 置腳背於球底部。
- 運用完整朝著目標的跟進動作。

高飛球傳球練習五　短－短－長

四位球員一組，每組一個球，球員在30×50碼的場區內傳球，傳球的組合必須是按照一個「短－短－長」的程序來操作。舉例來說，球員必須要結合連續兩次短距離（5～10碼）的滾地傳球，接著一個長距離的高飛傳球給在較遠位置的隊友。重複操作這個「短－短－長」的程序，重點是短距離的傳球必須是滾地球，而長距離的傳球必須是高飛球。雖然是沒有對手的防守壓力，但練習時還是必須依照比賽時的速度來操作。球員的高飛傳球沒有在目標球員5碼範圍內落地的話，就被判罰1分。練習時間10分鐘，記錄下所有的罰分。

1.增加難度
- 限制每回球員觸擊的次數（例如：最多兩次觸球或最多三次觸球）。

2.降低難度
- 要求高飛球必須落在目標的10碼範圍內。

成功的檢查點
• 肩膀和臀部必須對準目標。
• 置腳背於球的底部。
• 運用完整的朝著目標跟進動作。

操作成功的給分
10或超過10分罰分＝0分
6～9分罰分＝3分
0～5分罰分＝5分
你的總分：＿＿＿＿

高飛球傳球練習六　改變攻擊點

六個人一隊，比賽場區30×30碼，在正方形場區的四個角落（A、B、C、D）都站一位球員。兩位球員（E、F）站在正方形的中間。球員A從角落A傳對角高飛球給角落B的球員，球員B將球傳給中間球員E，球員E將滾地球傳給球員D，球員D傳對角高飛球給球員C，球員C將球傳給在中間的球員F，球員F再將球傳給下一位在角落A的球員。重複這樣的模式練習，球員跟隨著在傳球之後，迅速在場區內交換位置。每一次球員的對角高飛傳球，能夠讓接球員直接在空中接球就得1分。10分鐘以後，得分最高的球員獲勝。

單元三　高飛球的傳與接

1.增加難度

• 要求球員運用非慣用腳踢球。

2.降低難度

• 要求高飛球必須在預定目標5碼內著地。

• 允許球員停球，然後再踢出長遠高飛傳球。

• 肩膀和臀部對準目標。

• 腳背置於球底部。

• 朝著目標完全的跟進動作。

5或少於5分＝1分

6～10分＝3分

11或11分以上＝5分

你的總分：＿＿＿＿＿

接高飛球

身體的四個部分，包括腳背、大腿、胸部和頭部，經常運用在接和控制高飛球。至於身體部位的選項，要視來球的飛行弧度和鄰近對手的位置而定。無論在任何情況下，球員要必須能夠熟練接和控球的技巧。一位對手靠近你的時候，要試著去護球。在這個案例之下，當你接到滾地傳球時，你對球的第一次觸擊就變得很重要。假如你的第一次觸擊處理得不好，將導致你處於一個立即劣勢的情況。反之，能夠運用良好的第一次觸擊，顯然會造成對手的劣勢。

腳背接球

從空中落地的來球，可以用腳背（鞋帶）（圖3.3）來處理。要事先預測球的落點，並且迅速到位。肩膀和臀部對準來球，同時抬高接球腳離地大約12英寸（30.5公分），同時，延展和地面平行的接球腳。當面對球的時候，壓低接球腳並向後延伸，這個動作可以緩衝撞擊的力量，並且停球在你的腳上。

錯誤的步驟

球體彈高脫離控制。

修正方法

這個錯誤的產生或許是因為你迎球時腳抬得太高，正確的方法是提早抬高你的接球腳，並且和地面平行，然後觸球當下壓低向後延伸。這個動作能夠緩衝撞擊，而且有利於控制來球。

錯誤的步驟

球體朝著你的身體倒旋。

修正方法

產生球體倒旋是可能的，因為接球腳微微的向後有角度，且位置不當以及身體可能後傾。改進方法是延展你的接球腳，讓它與地面平行。運用前腳背來接球，頭部向下注視球體，上半身挺直。

圖3.3　腳背接球

準備層面
1. 到位接球。
2. 抬高接球腳大約離地6～12英寸（15.2～30.5公分）。
3. 穩固接球腳，並與地面平行。
4. 彎曲支撐腿的膝關節。
5. 延展雙臂置體側，協助平衡。
6. 保持頭部穩固，注視球體。

接球層面
1. 運用腳背平面接球。
2. 迎球時，接球腳向下後拉。
3. 讓球落地。

跟進層面
1. 保持良好控球狀態。
2. 帶球推進至開放空間。
3. 抬頭注視全場。

大腿接球

　　腿部的中段也可以用來接和控制高飛球，或是大約腰部高度的來球（圖3.4）。球員必須要期待並預測來球的路徑，並移位去抄截。假如你已經被對手嚴密的防守，將你的身體位置置於防守者和球之間來迎球。在球來之前抬高你的接球腿，這樣你的大腿就會幾乎跟地面平行。彎曲你支撐腿的膝關節，雙臂置於身體兩側協助平衡，運用大腿中

段的大面積來接球。接球腿向下後拉來
緩衝撞擊，這個動作會把球落在你能控
球範圍的地面。

圖3.4　用大腿接球

準備層面
1.進入攔截球飛行途徑的位置。
2.抬高接球腿，大腿幾乎和地面平行。
3.彎曲支撐腿的膝關節。
4.保持雙臂於體側協助平衡。
5.注視著球。

接球層面
1.運用大腿中部接球。
2.大腿向下後拉。
3.讓球控制在你能控球範圍的腳上。

跟進層面
1.球控制在遠離挑戰對手的空間。
2.保持抬頭,有良好的場區視野。

錯誤的步驟

球從大腿彈走。

修正方法

抬高你的接球腿和大腿,在一個正確的接球位置來迎球。當球觸擊你大腿時,腿部朝下向後緩衝。

錯誤的步驟

當球落地時,對手抄截成功。

修正方法

以適當的身體位置來護球,你的第一次觸球應該把球送到遠離挑戰對手的空間。

胸部接球

胸部的上端是一個能夠控制高飛球的極佳部位。視情境而定,有兩種接球技巧:一種是控制高彈跳的來球,另一種是控制已經下降的高飛球。這兩種情形,你都必須置身體於球和挑戰對手之間。

在處理高飛球落地時的來球時,首先拱背,運用胸部中間左邊或右邊較高部位來接球(圖3.5)。在未觸擊球之前,上半身微微向後拉來緩衝來球的撞擊。在還沒有用胸部接球之前,轉動你的上半身來控球至遠離挑戰對手的空間。

單元三 高飛球的傳與接

錯誤的步驟

球彈離了你的胸部，造成失控。

修正方法

運用胸部中間稍微偏右或偏左的肌肉來接球，因為這些部位的肌肉組織有較多的接球部位。當觸擊球時，上半身向後。

 錯誤的步驟

球彈離你的胸部，到肩膀以上的高度。

修正方法

這個錯誤的發生是因為你上半身角度，距離身體的垂直線太遠。身體稍微向後靠，但是不要太遠即可。

圖3.5 胸部接高飛球

準備層面
1.進入迎球的位置。
2.從腰部部位向後拱背。
3.兩膝微彎，身體重量置於前腳掌。
4.保持頭部穩固，注視著球。

接球層面
1.運用胸部上方接球。
2.身體微微向後，以緩衝來球的撞擊。
3.上半身立起，轉向控球，遠離對手的空間。
4.保持雙臂於體側協助平衡。

跟進層面
1.身體位於球和挑戰對手之間來護球。
2.保持抬頭，有良好的場區視野。
3.將球加速推進至開放的空間。

 足球
邁向卓越

女子球員通常可以雙臂交叉於胸前，用雙臂來接球，然而大多數的高中和大學的女子球員，她們是使用和男子同樣的技巧。

用胸部高彈跳控球的技巧稍有不同，身體向前移位，當球從地面向上彈跳時，你就可以去面對它。身體從腰部以上向前傾，上半身大概四十五度的角度，雙臂置於體側（圖3.6）這個姿勢，當球彈離地面時就可以用胸部來觸球。這個動作可以引導球體向下，並在你的控球範圍內。

圖3.6　運用胸部接反彈球

錯誤的步驟
失控球從側面擦胸而過。

修正方法
當球體彈離地面時，要確認你上半身的角度微微向前，並且位於球體上方。以此姿勢用胸部接球，球的方向將落到能夠控球範圍內的腳步位置。

用額頭接球

通常球員會運用頭部，傳球給隊友、射門或是化解射門危機。少有情況你會使用額頭的表面積，來控制高飛下降的來球（圖3.7）。這是一種比較困難的技巧，而能成功的操作這項技術，需要正確的技巧加上精準的跳躍時間。

迅速移位到球要下降的區域，運用雙腳向上跳躍。在球抵達之前，雙腳要提早離地。你的額頭微微向後，聚焦在球體上，如此就可以運用額頭的平面來觸球。假如你的起跳時間不正確，當球抵達時，你的身體應該開始下落到地面。為了要進一步的緩衝球的撞擊，當球觸擊額頭時頭部微微的向後。球體在落到地面時，應該是從你的額頭彈高幾英寸。

圖3.7　用額頭接球

準備層面
1. 移位至高飛球下降的飛行途徑位置。
2. 屈膝，身體重量置於前腳掌。
3. 向後延展雙臂，置於兩側。
4. 注視球體。

接球層面
1. 在球到達之前向上跳躍。
2. 肩膀與臀部對準球體。
3. 額頭微微向後，顴骨內縮。
4. 兩眼睜開，閉上嘴巴。
5. 在彈跳最高點來觸球。
6. 運用額頭寬平部位接球。

跟進層面
1. 觸球瞬間，頭部微微向後。
2. 將球觸擊向下至控球的地面。
3. 將球朝著下個動作的方向推進。

　錯誤的步驟
球從你額頭向上彈起，並且遠離控制範圍。

修正方法
失控的情況可能是因為你的身體過於僵硬，或是你起跳太遲。也就是說，當你用額頭觸球時，你的身體仍然處於上升狀態。時間差非常重要。修正方法是起跳要早一點，這樣你的身體在球抵達之前就開始下降。為了進一步緩衝球的撞擊，額頭觸球時頭部微微向後。

　錯誤的步驟
擦頭球。

修正方法
要運用眉毛上方寬平的額頭部位來觸球，保持頸和頭的穩固，並隨時專注球體。

接高飛球練習一　個人空中控球

　　三個球員一組，球員運用腳背、胸部、頭部來處理高飛球。比賽場區15×15碼，球員儘量將球保持在空中狀態，並且盡可能地增加傳球次數。初學者可以直接將球拋向空中，有經驗的球員須用他們的腳將球挑至空中。記下連續在空中傳球的次數，操作十次，總計每一組最高的傳球次數。

1.增加難度

- 要求傳球部位的順序（腳背到大腿，再到頭部，然後到大腿，再到腳背）。

- 要求當球在空中時，球員要慢跑。

2.降低難度

- 球員原地空中控球。

成功的檢查點

- 事先選擇適當的接球部位。
- 接球部位向後，來緩衝球的撞擊。
- 保持控球的範圍。

操作成功的給分

0～14次持續的觸球＝1分

15～19次持續的觸球＝3分

20或超過20次持續的觸球＝5分

你的總分：＿＿＿＿＿

接高飛球練習二　跑動中接球與回傳

　　三位球員一隊，分成A、B兩隊。兩隊面對面間隔5碼，球員排成一行。A隊持球開始練習。B隊的第一位球員用手傳出高飛球給A隊的第一位球員，然後快跑至A隊的尾端。A隊的接球球員運用兩次的觸球方式來接和控球，然後回球（用拋的）給B隊的下一位球員。A隊球員拋球後，快跑至B隊的尾端。每一次球員的球落地就判罰1分，持續練習到每位球員接到二十次的拋球為止，記下所有的罰分。

1.增加難度

- 擴大球隊之間的距離。
- 要求球員必須用踢球，來代替拋球與回球。
- 要求所有的隊員在拋球和接球時，

要貫穿全場。

2.降低難度

- 在控球和回球時，允許三次的觸球。

成功的檢查點

- 提早選擇迎球的部位。
- 提供軟性的標的。
- 運用兩次觸球來接和控球。
- 運用下一次觸擊來回球給對方（用拋擲的）。

操作成功的給分

11或11分以上的罰分＝3分

7～10分罰分＝4分

0～6分罰分＝5分

你的總分：＿＿＿＿＿

單元三　高飛球的傳與接

接高飛球練習三　接球、轉身、重複操作

　　兩位球員（供球者A和B）各持一球，面對面間隔10碼，第三位球員位於兩位供球者中間。球員A開始將球拋給中間球員，中間球員運用第一次觸球來掌控高飛球，並且用兩次觸球的方式回球（用腳踢）給供球者。控球可以用腳背、大腿或是胸部。中間球員立即轉身來迎接供球者B拋過來的球，然後重複整個程序。在中間球員接了五十次的拋球之後，球員就輪換位置，重複練習。整個練習持續到所有的球員，都輪替到中間的位置。隊員僅僅使用兩次觸球來接和回球給供球者得1分，記錄下你的得分。

1.增加難度

• 增加供球者的高度、距離或是速率。

• 增加第三位供球者。

2.降低難度

• 允許三次觸球來接和回球。

成功的檢查點

• 身體和球在線上。

• 提早準備接球的部位。

• 當球到達時，接球部位向後。

• 回球至供球者胸部。

操作成功的給分

0～20分＝0分

21～34分＝1分

35～44分＝3分

45～50分＝5分

你的總分：＿＿＿＿＿

接高飛球練習四　拋球、緩衝、停球

　　組織兩個隊伍，每隊四到六人。比賽場區30×40碼，給其中一隊一個球。持球的球隊嘗試著閃躲另一球隊的隊員。有一個限制：隊友之間必須用拋擲的傳接球，而非踢球。接球的隊員必須運用腳背、大腿、胸部或頭部來控制高飛球，然後在球落地之前用手去接。只允許球員在控球時兩次的觸球，第一次是接球且控球，第二次是接住球。球員將球傳給隊友有五個步驟。失去球權的情況發生在當對手攔截了一個傳球，或是當接球球員運用兩次觸球控球失敗。防守球員不允許從對手中搶球，但是他們可以用手來攔截傳球。每一位球員成功（球不可以觸地）的完成接球和控球得1分，反之失敗就罰1分。每位球員記錄下所有的得分、失分。練習時間15分鐘。

1.增加難度

• 要求所有的傳球必須要超過10碼。

• 要求球員運用特定的身體部位來控球（例如：僅僅大腿或僅僅頭部）。

2.降低難度
- 增加兩位中立球員給擁有球權的隊伍。

- 身體和來球在直線上。
- 提早選擇接球部位。

- 當來球時,接球部位微微向後。

0～5分＝1分

6～9分＝3分

10分或10分以上＝5分

你的總分:＿＿＿＿＿

接高飛球練習五　排球

　　在正規的排球場上或是相同的場區面積來比賽。兩隊各有四到六位球員,兩隊站在球網的兩邊,一隊先發球。發球時隊員必須在底線後挑高定點球,使球飛越球網。接球球隊必須直接在空中控球,或是在地面反彈一次。這項規則運用在所有的情況下,而不僅僅是回發球。當發球球員成功的將球發給對方,而接球隊伍不能夠回球過網,或是球在地面上反彈超過兩次,則發球隊伍得1分並且保有發球權。接球隊伍在傳過球網之前允許三次的觸球,一旦接球出界,必須在球落地之前回球過網。失誤的情形如下:發球或回球沒有過網、發球或回球出界、反彈球超過一次、球員運用手或手臂來傳球或控球。

　　當發球隊員失誤的時候,就失去發球權;當接球隊伍失誤時,發球隊伍得

1分。贏得30分的隊伍,就贏得了這場比賽。

1.增加難度
- 要求發球者運用挑高球來發球。
- 在回球過網之前不允許球落地。
- 允許球員兩次觸球來接球和控球。

2.降低難度
- 允許球員用手來空中擊球。
- 允許回球過網之前,兩次的地面反彈球。

- 身體位置要和下降的來球呈一直線。
- 提早準備要接球的部位。
- 接球部位向後來緩衝球的撞擊。

輸球隊伍的成員＝3分

贏球隊伍的成員＝5分

你的總分:＿＿＿＿＿

成功的結論

　　要成功的執行傳接高飛球的技巧,必須要具備正確的技術和自信心。

除了不斷的練習之外,沒有其他成功的捷徑。假如你想成為一位優秀的選手,

就必須要付出時間和努力。

　　初學者應該在比較沒有壓力的情境下，練習傳球和接球的技巧，聚焦在正確技巧的操作，而不要在對手的抄截壓力之下練習。當你的技術水準提升，而且對你的能力有信心時，逐漸的進步到和比賽情境類似的練習狀況。當然你也可以在練習時加入挑戰隊友的壓力，終究你的終極目標應該是在比賽情境下，熟練的操作所有的傳球、接球基本技巧。

　　在這一單元的每一種練習都有給分的設計，讓你能夠評估自己的表現和進步情形。在下面的表格裡面輸入你的分數，計算你的總分，來評估你整體的能力水準。

高飛球傳球練習

1. 挑高球和接球（5分裡面得_____分）
2. 滾地傳球與挑高球（5分裡面得____分）
3. 超越頭頂（5分裡面得_____分）
4. 高飛球（5分裡面得_____分）

5. 短－短－長（5分裡面得_____分）
6. 改變攻擊點（5分裡面得_____分）

接高飛球練習

1. 個人空中控球（5分裡面得_____分）
2. 跑動中接球與回傳（5分裡面得____分）
3. 接球、轉身、重複操作（5分裡面得_____分）
4. 拋球、緩衝、停球（5分裡面得____分）
5. 排球（5分裡面得_____分）

總分（55分裡面得_____分）

　　整體得分在48分以上，表示你對於這個技巧已經很純熟，而且準備好要前進到單元四。分數介於35～47分也不錯，你在複習整個傳接球的練習之後，也可以進展到單元四。分數低於34分，表示你對單元三的技巧並不純熟，建議在前往單元四之前，可以多加演練。

單元四　掌控空中優勢的比賽

足球員運用頭部，並非僅僅是思考比賽的策略和作出決策，運用頭部的傳球是足球運動的特性。然而少年球員（10歲以下）不需要焦距在頭頂的功夫，他們應該要學習正確的技巧。當球員逐漸成長，進步到比較激烈的比賽層次，熟練頂球技術對於進攻和防守都很重要。通常使用兩種頂球的技術，每一種技術都使用在特殊的情境下，而且是不同的目的。

跳躍頂球的技巧通常都應用在傳球或頂球入門，對於防守的目的就是將高飛球頂離球門區，阻止得分。執行跳躍頂球的球員運用雙腳起跳、拱背，然後用額頭的平坦部位來向前觸球。

魚躍頂球是一個刺激又有雜耍意味的技巧，僅僅運用在特殊的情境，例如：阻斷一個叫人驚訝的低飛球射門，或者飛身頭頂來自隊友低而快的傳球入門得分。在執行魚躍頂球時，身體要與地面平行，保持頭部向後傾，穩固頸部，運用頭部的寬廣部位來觸球。延展雙臂，來支撐你落地身體的重量。在執行魚躍頂球時要有好的判斷。當處於群聚的隊員之間時，無論是對手（或即使是隊友）都會嘗試著將球踢走，這很可能意外地踢中你的頭部，在這種情況下並不適合選擇魚躍頂球。最近的研究強調球員未能使用正確的頂球技巧，而造成頭部的挫傷和後遺症的風險是經常存在的。因此，要懂得使用正確的頂球技巧，以降低會造成頭部創傷的情境。

攔截頂球稍稍改變了球的飛行途徑，然後朝著相同的方向推進。這個技巧通常是在進攻的情境下使用，改變高飛來球的路線，將球傳給快速前進的隊友。要執行攔截頂球，你必須要進入攔截來球途徑的位置，調整你的動作角度來創造球的飛行途徑的瞬間變化，造成防守球員的失衡，創造得分機會。

有些球隊依賴頂球技巧的機會比其他球隊來得多。例如：愛爾蘭和挪威的國家隊都有一個傳統，就是他們的前鋒進攻能力是以空中頂球出名的。從戰略的觀點來看，這兩個球隊在傳統上喜歡運用高空長傳傳球給前鋒隊友，接著中

場球員將球推進，以滾地傳球的方式傳給目標前鋒隊友。對照之下，許多南美洲和美國的球隊，以及歐洲的強權，例如：西班牙、葡萄牙，以上的國家傳統比賽都運用短傳控球的型態，大部分時間都是以滾地球來運作。

不論球隊的比賽哲學爲何，一場比賽中不同時間內會出現各類型的高飛球。射門、角球、自由球、傳高飛球、直球進場和防守式的清場，都必須使用頂球動作。要成爲一位全方位的足球員，必須要能夠勝任各種不同的頂球技巧。

跳躍頂球

執行跳躍頂球時，面向球體且肩膀對準球（圖4.1）。首先判斷球的飛行路線，兩膝微彎，準備起跳至空中迎球。運用雙腳垂直起跳，當身體在空中時，拱背、顴骨朝向胸部收縮，保持頸部和上半身的穩固。當來球靠近時，上半身向前彈出，運用額頭的寬廣部位在跳躍的最高點頂球。

起跳的時間差或許是跳躍頂球最困難的要素。初學者經常起跳太早或太遲，假如你起跳太遲，會造成身體仍然在上升狀態下來迎球；假如你起跳太早，頂球時你已經開始下墜了。關鍵是要在正確的時間起跳，甚至於能在空中停留1〜2秒，然後運用上半身及頭部向前，強力且有自信的來頂球。

身爲球員，你必須要主動的發動來進攻，不能夠被動的讓球來撞擊你的頭部並造成反彈。當嘗試跳躍頂球得分時，運用額頭撞擊球的上半部，使球向下朝著得分線前進。同樣的動作，也適用於傳球給隊友。

相反的，對於防守性的清場動作，觸球的部位就是在球體的下半部，將球頂高、頂遠，重點是要遠離進攻球員的可能得分的場區。在任何頂球情況下，必須要張開眼睛，閉起嘴巴。頂球時張開嘴巴可能造成運動傷害，因爲當對手同時跳躍爭球時，造成彼此身體的衝撞，可能導致咬傷了你的舌頭的意外。

錯誤的步驟
頂球無力。

修正方法
主動攻擊球體，早點起跳並保持狀態一直到上半身移位向前的最後時刻。保持頭部和頸部的穩固，適當的時間差和正確的技巧是很重要的。

錯誤的步驟

臉部或鼻子被球擊中,而造成頂球失控。

修正方法

額頭觸球時,保持眼睛睜開,並且注視球體。不要受到鄰近對手的干擾。

圖4.1　跳躍頂球

準備層面	執行層面	跟進層面

準備層面

1. 肩膀垂直,面對來球。
2. 屈膝和身體重量置於前腳掌。
3. 雙臂後擺,準備起跳。
4. 注視球體。

執行層面

1. 運用雙腳向上起跳。
2. 同時雙臂向上擺動,產生向上動量。
3. 拱背,顴骨內縮。
4. 保持頸部和上半身的穩固。
5. 上半身向前擺動來迎球。
6. 運用額頭的寬廣部位來觸球。
7. 保持張開眼睛並閉上嘴巴。

跟進層面

1. 額頭朝著觸球點移動。
2. 保持雙臂置於體側,協助平衡。
3. 人體落下至地面。

單元四　掌控空中優勢的比賽

跳躍頂球練習一　團隊頂球

　　頂球的步驟一就是要熟練技巧，三至四位球員組成一隊，站在10×10碼的正方形場區內。你開始將一個球朝著你的隊友向上拋擲到頭頂的高度，這個隊友就嘗試著執行空中頂球的動作。在球落地之前越多次成功的頂球次數越好，只允許使用頭部來觸球。記錄下所有隊員之間的頂球次數總和，與最好的十次練習。

1.增加難度

• 允許兩次觸球來頂球（運用第一次觸球來接球，第二次觸球來回球）。

• 在場區內，與隊友之間在慢跑情況下互相頂球。

2.降低難度

• 保持個人的頂球動作。

成功的檢查點

• 屈膝保持平衡和控制身體。

• 頭部向後傾斜。

• 運用額頭上部來觸球。

• 保持雙臂置於兩側，協助平衡。

操作成功的給分

0～19次連續頂球＝1分

20～29次連續頂球＝3分

30或30次以上連續頂球＝5分

你的總分：＿＿＿＿＿

跳躍頂球練習二　跳躍頂球技巧

　　兩人一組和夥伴面對面站立，夥伴持球在頭部的前上方大約12英寸（30.5公分）。操作者向前移位、向上跳躍，拱背向前運用額頭來觸球。組合所有跳躍頂球的元素，重複三十次，然後換夥伴與角色替換。

1.增加難度

• 增加重複次數。

• 增加重複速率。

• 要求夥伴持球緩慢地向後移動。

2.降低難度

• 減少重複次數。

成功的檢查點

• 垂直起跳。

• 上半身呈拱門狀態。

• 頸部穩固，內縮顴骨。

• 保持眼睛張開，嘴巴閉合。

• 上半身向前彈出。

• 運用額頭觸球。

操作成功的給分

正確的跳躍頂球0～14次＝0分

正確的跳躍頂球15～19次＝1分

正確的跳躍頂球20～24次＝3分

正確的跳躍頂球25～30次＝5分

你的總分：＿＿＿＿＿

跳躍頂球練習三　持續跳躍頂球

　　兩人一組間隔5碼，隊友（供球者）將球拋高大約在你頭頂上12～18英寸（30.5～45.7公分）。操作者運用雙腳向上起跳，頂球回給供球者。運用額頭在跳躍最高點觸球，將球頂向供球者胸部。操作三十次跳躍頂球，然後和夥伴角色互換。

1.增加難度
- 加長與供球者之間的距離。
- 60秒內重複次數越多越好。
- 運用兩位供球者從不同角度拋球。

2.降低難度
- 縮短供球者的距離。

- 放慢重複的配速。
- 減少重複次數。

成功的檢查點
- 運用雙腳起跳。
- 上半身向後拱身。
- 保持眼睛睜開，嘴巴閉合。
- 身體向前彈出迎球。

操作成功的給分
成功頂球至供球者胸部0～14次＝0分
成功頂球至供球者胸部15～19次＝1分
成功頂球至供球者胸部20～24次＝3分
成功頂球至供球者胸部25～30次＝5分
你的總分：＿＿＿＿＿

跳躍頂球練習四　跳躍、頂球、重複操作

　　兩位球員（供球者）各持一球，面對面距離8碼，第三位球員站在兩位供球者的中間。供球者輪流對著中間球員拋高球，中間球員運用跳躍頂球方式，將球直接頂回到原來的供球者。中間球員在每次頂球後立刻轉身一百八十度，再跳躍頂球回給另一位供球者。中間球員持續四十次跳躍頂球動作，每一次成功的跳躍頂球回到接球者的位置，接球者成功的完成空中接球動作得1分。每位球員輪流扮演中間球員的角色。

1.增加難度
- 擴大供球者之間的距離至12碼。
- 增加重複次數。
- 加快重複配速。

2.降低難度
- 原地頂球。
- 減少重複次數。

成功的檢查點
- 肩膀對準目標。
- 運用雙腳起跳。
- 上半身向前彈出。
- 運用額頭觸球。
- 保持頭部和頸部的穩固。

操作成功的給分
0～19分＝0分
20～27分＝1分
28～34分＝3分
35～40分＝5分
你的總分：＿＿＿＿＿

跳躍頂球練習五　拋球、頂球、接球

　　三位隊員組成一個三角形，球員之間距離10碼。球員A將球拋給球員B，球員B跳躍頂球給球員C，球員C用手接球將球拋給球員A，球員A跳躍頂球給球員B，球員B接球後將球拋給球員C。持續「拋－頂－接」的順序練習，直到每位球員都完成三十次的跳躍頂球練習為止。成功的跳躍頂球傳給隊友得1分。

1.增加難度

- 擴大供球者之間的距離至12碼。
- 三位球員在慢跑情況下來操作練習。

2.降低難度

- 縮短球員之間的距離到6碼。
- 原地頂球。

成功的檢查點

- 運用雙腳向上起跳。
- 肩膀對準目標。
- 運用額頭觸球。
- 保持眼睛張開和嘴巴閉合。

操作成功的給分

0～14次成功回球給隊友＝0分
15～19次成功回球給隊友＝1分
20～24次成功回球給隊友＝3分
25～30次成功回球給隊友＝5分
你的總分：＿＿＿＿＿

跳躍頂球練習六　前－後－前頂球比賽

　　將整個群體區分為相等人數的隊伍，四到六個球員一隊。每一隊伍排成一行，肩靠肩，隊伍之間距離間隔3碼。每一隊的一位球員扮演供球者的角色，拿著球面對第一位3碼外的隊員。在一聲令下，供球者將球拋向空中給第一位球員。第一位球員向上跳躍頂球回給供球者之後原地跪下，供球者立即拋球給下一位球員。下一位球員將球頂回給供球者，也原地跪下。供球者繼續將球供給線上所有球員，直到所有球員都完成了頭頂回球的任務，原地跪下為止。線上的最後一位球員必須連續兩次頭頂回球給供球者，線上下一位球員立刻起身跳躍頂球回給供球者。下一位球員也同樣的操作。整個比賽按照「前－後－前」的次序操作，直到所有的球員都回到站起來的位置，而供球者也在控球狀態為止。

　　當球員沒有完成頂球回給供球者，造成供球者無法在空中接球的情況下，就判罰1分。花最少時間去完成整個程序練習的隊伍，贏得比賽。運用不同的供球者來重複練習，贏得五場比賽的隊伍，就贏得錦標。

1.增加難度

- 每隊增加更多球員。
- 整個線上球員都重複兩次的連續操

作次數。

2.降低難度

• 不要求球員跳躍。

• 肩膀擺正，向上跳躍。

• 上半身向後拱身。

• 保持頸部的穩固，顴骨內縮。

• 保持眼睛張開，嘴巴閉合。

• 上半身向前用力彈出。

• 運用額頭觸球。

3或3分以上的罰分＝0分

1或2分的罰分＝2分

0分的罰分＝4分

你的總分：＿＿＿＿

跳躍頂球練習七　兩邊相互頂球

　　運用標記界定兩個5碼寬的球門，兩個球門間隔15碼。兩隊各給一球，將球拋向空中落在場區的中央。對手向前移位，試著頂球過人、進入球門。輪流操作，嘗試著跳躍頂球得分。完成每次的動作之後，回到原來各自的球門。跳躍頂球射門成功得2分，頂球射門被解圍得1分。每一位球員操作三十次頂球，得分高的球員贏得比賽。

1.增加難度

• 縮短球門的寬度到3碼。

2.降低難度

• 擴大球門的寬度至7碼。

• 不要求球員跳躍頂球。

• 肩膀對準球體。

• 垂直向上起跳。

• 上半身向前用力彈出。

• 運用額頭觸球。

• 朝著球門線頭向下頂球。

0～19分＝0分

20～29分＝2分

30～44分＝4分

45～60分＝6分

你的總分：＿＿＿＿

跳躍頂球練習八　防守性解球

　　四位球員參加防守性的頂球（解球至高與遠方）技巧比賽，一位中間的供球者來拋球。用標記來界定兩條大約間隔距離15碼的平行線，一位球員站在兩線之間的中間區域，另一位球員站在底線區。供球者朝著場區側面來供球，一開始供球者將球高拋給在底線區的一位球員。接著，這位球員運用跳躍頂球傳球給另一端線區的球員，並同時超越中間防守區域。然後球員就輪換位置，

並重複操作。持續練習至每位球員都重複三十次頂球為止，成功的頂球傳球動作得1分。得分高的球員贏得比賽。

1.增加難度

- 擴大中間區域的寬度至20碼。
- 增加重複次數。

2.降低難度

- 縮小中間區域的寬度至10碼。

成功的檢查點

- 肩膀對準球門。

- 運用雙腳向上起跳。
- 運用前額部位觸球。
- 運用上半身向前強力彈出。
- 盡可能將球頂高、頂遠。

操作成功的給分

第三名＝1分

第二名＝3分

第一名＝5分

你的總分：＿＿＿＿＿

跳躍頂球練習九　頂球得分（加入支援球員）

　　組織三到五位球員的兩個隊伍，指定兩位支援球員加入控球球隊的陣容。比賽場區25×35碼，在兩底線的中央設置一個小球門（4碼寬）。給其中一隊一個球開始比賽。傳球必須是用傳和接的方式，而不可以用踢的，當球員將從隊友拋擲過來的球頂進對方球門時得1分。球員在傳球給隊友之前，最多可以帶球走五步。支援球員加入進攻隊來創造兩位球員的優勢，不用守門員。

　　場上防守球員可以用雙手，來阻止對方球員的傳球和阻擋射門的頂球。防守隊伍獲得球權的情況如下：對手持球移位超過五步且沒傳球、在對手得分之後、防守隊員成功攔截一次傳球、對手球掉到地上，或對方球隊的隊員最後觸擊的球出界。隊員不允許從對手中去抄球。持續練習15分鐘，得到高分的球隊贏得比賽。

1.增加難度

- 縮小球門。
- 運用守門員。

2.降低難度

- 擴大球門。
- 運用四位支援球員。

成功的檢查點

- 肩膀對準球門。
- 運用雙腳向上起跳。
- 運用額頭觸球。
- 頭朝著球門線向下頂球。

操作成功的給分

輸隊的成員＝0分

贏隊的成員＝1分

你的總分：＿＿＿＿＿

魚躍頂球技巧

魚躍頂球技巧是運用在低於腰部和與地面平行的來球。魚躍頂球是用在正面的來球，但是不建議運用在橫向的來球。防守者運用此技巧來清理球門前的危機球，進攻者則使用魚躍頂球來得分。準備頂球時，肩膀對準來球，並採取微蹲的姿勢朝球的位置移動（圖4.2），預測球的飛行途徑，然後運用和地面平行的魚躍技巧來頂球。張開眼睛，閉合嘴巴，頭部後仰，保持頸部穩固。運用眉毛上緣的額頭部位來觸球，雙臂向地面延展，來緩衝身體落地時的動量。

錯誤的步驟
缺乏爆發力或準確性的頂球。

修正方法
上述情形發生是因為你魚躍的時間點不對，或是在你觸球當下沒有保持頭部和頸部穩固。應該要頭部後仰，保持頸部穩固，運用額頭的寬平部位來觸球。

錯誤的步驟
球從你頭部彈離了你的控制。

修正方法
當球向上彈的情況意味著，你的觸擊額頭的點太高，或是低頭來迎球。應該要張開眼睛注視球體，保持頭部和頸部的穩固，運用額頭的中間部位，大約是你眉毛的正上方來觸球。

圖4.2　魚躍頂球

準備層面
1.盡可能肩膀對準來球。
2.屈膝，重量置於前腳掌。
3.雙臂向後置於體側。
4.聚焦在球體上。

單元四　掌控空中優勢的比賽

執行層面
1.向前移位來攔截球。
2.身體和地面平行，朝著球體魚躍。
3.頭部向後，頸部穩固。
4.雙臂向前延展，保持向下角度。
5.保持眼睛張開，嘴巴閉合。
6.運用額頭觸球。

跟進層面
1.維持向前動量，穿越觸球點。
2.運用雙臂來緩衝身體的落地。
3.跳躍起身。

魚躍頂球練習一　魚躍頂球基本功

　　假如是在室內練習魚躍頂球技巧時，建議運用軟性的地面或是鋪體操墊。球員面對10碼外的供球者，供球者將球拋出大約到你的腰部高度。微微彎曲你的雙膝，向前與地面平行魚躍而出。運用額頭的寬平部位來觸球，然後雙臂向前下方延展撐地，來緩衝身體向下的動量。直接將球頂回給供球者得1分，在完成每次頂球後迅速起身，並為下個頂球做準備。連續操作十次的頂球，然後再與供球者角色交換。

1.增加難度
 • 增加重複次數。
 • 改變供球的前進角度。

2.降低難度
 • 以匍匐姿勢頂球而非站立姿勢。
 • 儘量靠近供球者。
 • 減少重複次數。

足球

邁向卓越

成功的檢查點	操作成功的給分
• 身體平行地面魚躍頂球。	0～4分＝0分
• 頭部後仰，頸部穩固。	5～7分＝1分
• 保持眼睛張開，嘴巴閉合。	8～10分＝3分
• 運用額頭的寬平部位觸球。	你的總分：＿＿＿＿

魚躍頂球練習二　魚躍頂球射門

在10×15碼場區內和兩位隊友一起練習，配置兩面距離4碼的旗幟，代表球門寬，位於場區的一端。一位球員站在球門前扮演守門員，另一位球員當供球者站在底線6碼外的場區，你就位在球門前與中心位置大約10碼處。供球者開始對著球門橫向拋球，大約是在腰部的高度。你要判斷來球的飛行途徑，並嘗試著運用頭部頂球技巧來得分。成功的頂球射門得2分，而頂球射門被守門員化解得1分。球員角色輪替，一直到每一位都完成了頂球射門的動作為止。持續練習到每位球員完成二十次的魚躍頂球。

1.增加難度
• 縮小球門。
• 增加重複次數。

2.降低難度
• 擴大球門的寬度至6碼。
• 不要守門員。

成功的檢查點
• 魚躍動作和地面平行。
• 頸部穩固，頭部後仰。
• 向前下方延展雙臂，撐地來緩衝身體撞擊地面的動量。
• 運用額頭來觸球。

操作成功的給分
0～14分＝0分
15～19分＝1分
20～29分＝3分
30～40分＝5分
你的總分：＿＿＿＿

魚躍頂球練習三　團隊魚躍頂球比賽

組織兩個人數相同的隊伍，每隊約四到六人。隊員以縱隊排列，位於球門15碼前中心位置。兩隊並排站立，在球門區配置一中立守門員，以及一位在距離球門5碼的供球者。供球者輪流將球傳拋至球門的中前方，兩隊的球員輪流來嘗試執行魚躍頂球射門，此時守門員也要嘗試化解所有的射門。成功的魚躍頂球射門得2分，被守門員化解的射門得1分。首先贏得50分的隊伍，就贏

單元四　掌控空中優勢的比賽

得比賽。

1.增加難度
- 縮短球門寬度至6碼。

2.降低難度
- 擴大球門寬度至10碼。

- 和地面平行來魚躍。
- 穩固頸部，頭部後仰。

- 運用額頭觸球。
- 延展雙臂撐地，緩衝身體和地面的撞擊。

輸隊的隊員＝3分

贏隊的隊員＝5分

你的總分：＿＿＿＿＿

魚躍頂球練習四　魚躍頂球

三名球員參加。一位球員（供球者）站在球門後10碼處來供球，第二位球員（進攻者）面對球門站在罰球區的弧頂，第三位球員站在守門員的位置。供球者輕輕的將球拋越門柱，使得球能夠落在罰球區內。進攻者迅速向前移位，嘗試著魚躍頂球得分。安全起見，必須要確保罰球區的地面是柔軟的，而且沒有小石頭或是危險的尖銳物品。每一次的頂球射門被守門員化解得1分，射門成功得2分。整個練習一直到進攻者完成了二十次的魚躍頂球，並且所有的球員都交換了位置。球員記錄自己所有的得分（提示：這個練習最適合較年長、有經驗的球員）。

1.增加難度
- 縮小球門寬度。

2.降低難度
- 不用守門員。

- 和地面平行來魚躍。
- 穩固頸部，頭部後仰。
- 運用額頭來觸球。
- 保持眼睛張開，嘴巴閉合。
- 張開雙臂緩衝身體和地面的撞擊。

0～11＝0分

12～19＝1分

20～29＝3分

30～40＝5分

你的總分：＿＿＿＿＿

魚躍頂球練習五　多重球門射門比賽

比賽場區是40×40碼的正方形，在場區內任意放置代表六個迷你球門的標記，球門3碼寬。組織相同人數的隊員兩隊，穿著不同顏色的背心。其中一隊持球開始，不用守門員。進攻球隊可以在任意的六個球門來得分，防守隊也必須防守所有的六個球門。隊友之間的傳接球必須是拋球和接球，而不可以踢球。隊伍失去球權的情況有三種：擁有球權的球員只允許少於走四步就傳球給隊友，超過五步則失去球權、球掉到地上或防守球員攔截成功。所有的得分必須運用魚躍頂球來完成。因此，所有的拋球必須要準確，並且是在球員能夠魚躍頂球的高度。所有練習時間為20分鐘，每次射門成功就得1分。

1. 增加難度
   - 縮短球門寬度。
2. 降低難度
   - 擴大球門寬度。

成功的檢查點
- 和地面平行來魚躍。
- 穩固頸部，頭部後仰。
- 運用額頭來觸球。
- 保持眼睛張開，嘴巴閉合。
- 張開雙臂緩衝身體與地面的撞擊。

操作成功的給分
輸隊的隊員＝3分
贏隊的隊員＝5分
你的總分：＿＿＿＿＿

輕擊頂球

輕擊頂球對於進攻球員嘗試著將高飛球朝著對手防守空間的隙縫來推進運用得很頻繁，它可以使用在場區的任何一點。這個技巧和其他的頂球技巧有所不同，因為它的主要目標是要改變來球的路線，而不是以強力和準確的頂球為目標。執行輕擊頂球（圖4.3）的時候，身體向前移動來迎球。運用額頭側面擦球而過，如此瞬間球的飛行產生變化，導致對手球員的誤判與造成整個防守陣式的混亂。

錯誤的步驟
未能改變球的飛行途徑。

修正方法
必須要確定觸擊球的正確部位來改變飛行方向。向前移動迎球，運用額頭向後傾斜角度，使用上額部位來擦球。

單元四　掌控空中優勢的比賽

圖4.3　輕擊頂球

準備層面
1.進入攔截球的位置。
2.頸部穩固，頭部後仰。
3.保持眼睛張開，嘴巴閉合。

執行層面
1.向上起跳，身體和來球呈一直線。
2.保持雙臂於兩側，協助平衡。
3.調整頭部角度，將球改變方向至目標點。
4.運用額頭側面傳球。

跟進層面
1.輕擊頂球朝著球的運行方向。
2.身體落地。

輕擊頂球練習一　兩邊相互輕擊頂球

兩位球員（供球者A、B）面對面間隔20碼，供球者A持球，第三位球員（球員C）站在兩位供球者中間。供球者A拋球給球員C，球高度必須是在頭頂的位置。球員C向前移位迎球，將球輕擊頂球給供球者B。供球者B接球以後，反方向重複這樣的流程。所有球員必須操作三十次的輕擊頂球，在每一位球員的位置輪替之後就停止練習。每一次成功的輕擊頂球得1分（提示：供球者準確地拋球，對練習的流暢性是很重要的）。

1.增加難度
• 增加供球距離和速率。

2.降低難度
• 縮短供球距離。
• 球員不必離地頂球。

成功的檢查點
• 頭部後仰。
• 保持眼睛睜開，嘴巴閉合。
• 允許運用前額輕擊頂球。

操作成功的給分
0〜9分＝0分
10〜17分＝1分
18〜24分＝3分
25〜30分＝5分
你的總分：_____

運用正規場區的一邊來比賽，在場區的底線放置兩個迷你球門（3～4碼寬）。供球者站立在距離底線40碼的前方來供球，第二位球員（頂球者）站在背向球門的罰球區。供球者朝向頂球者踢出高飛球，頂球者移位去攔截球的飛行途徑，然後輕擊射門。重複操作三十次之後，球員角色替換，重複練習。每一次的輕擊頂球射門成功得1分。練習到得分30分為止。（提示：準確地供球練習是必要的，此練習適用於較高水準的球員。）

1.增加難度

• 縮短球門寬度到2碼。

2.降低難度

• 頂球者靠近球門。

• 供球者用手拋球。

成功的檢查點

• 向前移位。

• 穩固頸部，頭部後仰。

• 運用前額側面頂球。

• 朝著你想要球運行的方向，輕擊頂球。

操作成功的給分

0～9分＝0分

10～19分＝2分

20～30分＝4分

你的總分：＿＿＿＿

成功的結論

要能夠在較高水準的比賽中獲勝，你必須要熟練各種不同的頂球技巧操作。注意以下的重點：

當你執行跳躍頂球時，必須在跳躍的最高點來頂球。儘量保持穩定狀態，然後上半身向前使力，運用額頭來觸球。必須保持頭和頸部的穩固。

操作魚躍頂球時，身體要完全延展，並且跟地面平行來迎球。頭部向後保持頸部的穩固，運用額頭來觸球。當身體落地時，運用雙臂和手來緩衝地面的撞擊。

運用上額部位輕擊來球，變換來球方向，而不是直接頂球回至原來的來球方向。這就是輕擊頂球的奧妙之處。因為整個動作過程不容易用肉眼來觀察，所以要求教練或隊伍從旁觀測或是拍攝各種頂球技巧的錄影帶。觀察者可以評估你整個動作表現，並提供有益的回饋。

單元四的每一項練習最後都會給分，讓你能夠來評估自己的動作表現，並記錄自己的進步程度。在下列的圖表中，記錄下你的得分與總分，對於你自己整體的能力水準作評估。

跳躍頂球練習

1.團隊頂球（5分裡面得＿＿＿＿分）

2. 跳躍頂球技巧（5分裡面得_____分）

3. 持續跳躍頂球（5分裡面得_____分）

4. 跳躍、頂球、重複操作（5分裡面得_____分）

5. 拋球、頂球、接球（5分裡面得____分）

6. 前－後－前頂球比賽（4分裡面得_____分）

7. 兩邊相互頂球（6分裡面得_____分）

8. 防守性解球（5分裡面得_____分）

9. 頂球得分（加入支援球員）（1分裡面得_____分）

魚躍頂球練習

1. 魚躍頂球基本功（3分裡面得_____分）

2. 魚躍頂球射門（5分裡面得_____分）

3. 團隊魚躍頂球比賽（5分裡面得____分）

4. 魚躍頂球（5分裡面得_____分）

5. 多重球門射門比賽（5分裡面得____分）

輕擊頂球練習

1. 兩邊相互輕擊頂球（5分裡面得____分）

2. 輕擊頂球至空檔（4分裡面得_____分）

總分（73分裡面得_____分）

　　總分在55分以上，表示你已經非常熟練頂球的技巧，並且準備好向單元五移動。介於40～50分之間，也算不錯，再複習、重複演練頂球技巧之後，你也可以進階到單元五。少於39分，表示你對於頂球技巧還不熟悉，必須更努力練習所有的技巧，才有機會移至單元五。

單元五　完成攻擊的射門

射門得分仍然是足球運動中最困難的技巧之一。一位球員他能夠很穩定的射門入網，即所謂的比賽改變者，他是一個球隊很珍貴的資產。然而，無庸置疑的，在足球世界裡，大家最認可的球員就是優秀的得分球員，他能夠一腳決定一個比賽的結果。最有名的球員就是巴西的比利，在他輝煌的職業生涯超過了一千兩百次的得分，雖然比利已經從他的足球生涯退休超過三十年了，全世界的足球員依然尊重他，並且認可他在足球歷史的地位。在國際足壇中，我推崇的優秀球員包含：馬里歐·果美滋（慕尼黑）、里尼歐·梅西（馬塞隆納）和魯賓·邦·波西（曼徹斯特），他們在聯盟中的得分榜都是領先者，並且對球隊都作出很大的貢獻。女子足球員部分，巴西國家隊的馬它，她是國際足總連續五年的最佳球員。還有阿比·萬巴克，她是美國女子國家隊最佳進攻球員。以上這些球員和許多優秀球員都是具世界水準的頂尖族群，對於他們的努力付出也得到很豐厚的回報。

一位偉大的射門足球員必須有天賦異稟的才能——他的能力要能夠創造並完成一般人所欠缺的得分能力。他們的成功之道，歸因於下列的因素：1.當射門機會來臨時，能夠運用任何一腳強力、準確的射門能力是很重要的。2.身體的素質包含速度、敏捷性和肌力，是當然的資產。3.軟實力方面，例如：在壓力下預期與沉著也同等重要，要能夠在對的時間和對的地點將球運行至球門內。4.當然運氣也是很重要，然而在規律的基礎上的得分，絕對不是盲目的運氣導致的結果。就如同一則教練諺語所云：好的運氣，通常是發生在你對機會準備好的時候。此處的關鍵字就是「準備」。透過和實際比賽情境相似的各種射門練習之後，對於得分的機會掌握當然就保有優勢。

腳背的傳球技巧是運用在固定球或滾動球，全擊、半擊或側擊技巧是運用在落地球或是反彈球的處理上。香蕉球的射門會造成球的飛行路徑的彎曲，特

別是在自由球或角球的運用上，對於踢　　滾地球也不錯。

腳背踢球

當踢滾地球或固定球時，大多數的球員會使用腳背踢球技巧。基本上，踢球的力學和腳背的傳球是相似的，除了為了要產生比較大的速度，踢球腿的跟進動作比較大。

從背後小角度的接近球體（見圖5.1），支撐腳置於球旁屈膝，保持頭部穩固並注視球體，踢球腿向後拉，腿部延展並保持穩固。此時踢球腿的膝

蓋應該是超越球體，踢球腿向前用力延展，並運用全腳背來觸擊球的中心點。當觸球時保持踢球腳的穩固和向下，這樣的姿勢能夠確保在觸球的當下，你的膝關節是在球的前方，並且能夠壓低球的飛行路徑。當你跟進時，肩膀和臀部對準目標，並運用完全的跟進動作來產生踢球的最大力道。

錯誤的步驟

球的上升越過球門。

修正方法

這個情形的產生是因為當你觸球時，你的身體後仰。應該是將支撐腳放在球側而非球後方，然後身體要微微向前傾、屈膝，踢球腿要超越球體。當腳背觸擊球體中心時，保持你的踢球腳完全向下延展，穿越觸球點產生最大的向前動量。

錯誤的步驟

缺乏力道和速率的射門。

修正方法

軟弱的射門通常是因為不夠的跟進動作、身體重量沒有向前移轉，或是未能保持踢球腿的穩固。你應該在觸球時能夠產生最大的向前動量，在跟進動作時，踢球腿應該要持續地向上、向前延展，大約是腰部以上的位置。

圖5.1 腳背踢球

準備層面
1.從球後方小角度接近球。
2.身體向前,支撐腳置於球側。
3.彎曲支撐腿,保持雙臂置於體側協助平衡。
4.踢球腿向後拉,腳部充分延展。
5.保持頭部穩固,注視球體。

執行層面
1.支撐腿朝著目標。
2.肩膀和臀部對準目標。
3.踢球腿向前用力踢出。
4.保持踢球腿向下,對角通過球體。
5.運用腳背觸擊球中心。
6.全程保持踢球腳穩固。

跟進層面
1.保持向前動量穿越觸球點。
2.支撐腳可以離地。
3.完成朝著目標的跟進踢球動作。

腳背踢球練習一　擊中標的

面對10碼外的隊友（供球者），供球者朝著你踢慢速滾地球，踢球者運用腳背將球直接踢回給供球者。操作四十次，運用左右腳輪流操作，踢出的每一球直接到供球者一步的範圍內，給1分。

1.增加難度

- 增加和供球者的距離。
- 增加供球的速率。

2.降低難度

- 縮短供球者的距離。
- 運用慣用腳來踢球。

- 回踢原地不動的球給供球者。

成功的檢查點

- 肩膀和臀部對準目標。
- 踢球腿的膝關節要超越球體。
- 保持踢球腳延展和穩固。
- 保持頭部穩固。
- 跟進動作要朝著目標。

操作成功的給分

0～25分＝1分

26～34分＝3分

35～40分＝5分

你的總分：＿＿＿＿＿

腳背踢球練習二　射穿球門中心

設置兩個標記間隔8碼寬，代表一個球門寬。和一隊友配對，你手中持球站於離球門25碼之處，你的夥伴（目標）面對你站於球門後方5碼處。你向前帶球2碼後，嘗試著運用腳背踢球技巧來射門（朝著目標），執行三十次射門。交互使用左腳和右腳來操作，然後和目標角色替換。所有的射門必須在至少20碼以外來執行。每一次的射門在目標隊友的頭部高度，得1分。

1.增加難度

- 增加射門距離到30碼。
- 縮短球門寬度。

2.降低難度

- 縮短射門距離至15碼。
- 擴大球門寬度。
- 球是靜止不動的。

成功的檢查點

- 肩膀和臀部對準球門。
- 踢球腿的膝關節要超越球體。
- 保持踢球腳的向下延展和穩固。
- 身體朝著目標跟進。

操作成功的給分

0～19分＝1分

20～24分＝3分

25～30分＝5分

你的總分：＿＿＿＿＿

腳背踢球練習三　標的和得分組合

和兩位隊友一組站在球場的一端，一位球員是守門員，第二位球員（目標）背對球門站在罰球區的頂端。你面對目標站在距離球門30碼之處來供球，一開始向前帶球2碼，然後穩固的將球傳到目標球員的腳上。目標球員迅速側向改變球的行進路線在罰球區頂端的外圍，然後迅速跑向前，在第一時間內運用腳背的踢球技巧射門（沒有控球情況下），守門員嘗試化解所有的射門球。然後你快速回到原來的位置，重複操作十次的射門。每當守門員成功化解一次的射門就得1分，你成功的射門就得2分，所有的射門必須在18碼以上的距離來操作。完成十次射門以後，球員就輪替、交換位置，並重複整個練習。持續操作一直到每位球員，都輪到射門者的角色。

1.增加難度
- 增加射門距離。
- 增加重複次數。

2.降低難度
- 縮短射門距離到15碼。
- 允許兩次觸球的射門。

成功的檢查點
- 肩膀和臀部對準球門。
- 踢球腿的膝部要超越球體。
- 保持踢球腿向下延展和穩固。
- 保持頭部的穩固、注視球體。
- 身體朝著目標跟進。

操作成功的給分
0～8分＝1分

9～13分＝3分

14～20分＝5分

你的總分：＿＿＿＿＿

腳背踢球練習四　壓力下射門

和兩位隊友一組，站在場區的底線，對面的底線設置一個球門。一位球員是守門員，第二位球員（供球者）站在距離球門25碼處。準備十二顆足球，你直接站在供球者的前面，面向供球者，背對球門。練習開始，供球者將球滾向在罰球區內2碼處的你，你則快步向球奔跑，在第一時間內運用腳背踢球，然後迅速地跑回你原來的位置。接著，供球者將第二顆球超越了你滾向對面的邊線，再一次的轉身快速朝球的方向跑去來射門得分。你必須在第一時間內起腳射門，而不能夠停球或控球。供球者在供球時，一次左邊、一次右邊交替，持續練習到所有十二顆球都用完為止，然後和供球者位置交換重複練習（守門員一直停留在守門員位置不動）。每次射門成功得2分，被守門員化解的射門得1分。持續兩回合，一直到射門者得了24分為止。

91

單元五　完成攻擊的射門

1.增加難度

- 增加射門距離。
- 增加射門次數，來引起身體的疲累。

2.降低難度

- 縮短射門距離。
- 降低重複的速率。
- 允許射門者兩次觸球來射門。

- 迅速轉身向球奔跑。

- 肩膀和臀部對準球門。
- 踢球腿的膝部要超越球體。
- 保持踢球腳的延展和穩固。
- 保持頭部穩固。
- 身體朝著目標跟進。

0～21分＝1分

22～32分＝3分

33～48分＝5分

你的總分：＿＿＿＿＿

腳背踢球練習五　兩次觸擊後射門得分

運用半場來練習，一位供球者位於球門旁邊，守門員在門內，你在球門中間25碼的前方。一開始供球者踢球給你，可以是滾地球或飛球，你朝著來球方向前進，並準備運用你的第一次觸球來控球，在第二次觸球時起腳射門。所有的射門只允許兩次觸球，且必須是在球門15碼之外的距離來起腳。每一次射門後迅速回到你原來的位置，重複整個程序直到完成十次的射門。這時，守門員嘗試化解所有的射門。被守門員化解的射門得1分，成功的射門得2分。記錄下所有的得分，在完成十次射門之後，就與供球者交換位置，再重複練習。守門員一直停留在守門員的位置。每位球員練習兩回合，總數是二十次的射門。

1.增加難度

- 要求一位防守球員快速跑向底線來

挑戰射門者。

- 縮小球門的寬度至6碼。
- 增加射門的次數。

2.降低難度

- 允許三次的觸球來控球準備射門。
- 踢擊距離球門15碼外，固定不動的球。

- 向前移位接球。
- 運用一次觸球把球朝球門推進。
- 運用兩次觸球來射門。
- 保持肩膀和臀部對準球門。
- 保持踢球腿的膝部超越球體。
- 保持踢球腳延展和穩固。

0～21分＝1分

22～29分＝3分

30～40分＝5分

你的總分：＿＿＿＿＿

腳背踢球練習六　帶球射門得分

　　組織兩個隊伍，每隊三到五人。面向25碼外的球門並排縱隊站立，一位守門員站在球門前，每一隊的第一位球員快速向前帶球至球門前15碼之處，起腳射門。完成每次的射門之後，射門者快速的去拿球排到隊伍的尾端。持續所有的練習，直到每位球員都完成十五次的射門為止。每一次被守門員化解的射門得1分，成功的射門得2分，球員記錄自己的得分情形。（提示：輪替二至三位的守門員，因為他們要去面對大量的射門次數。）

1.增加難度

- 增加射門距離。
- 要求防守者追逐帶球者。
- 增加重複次數。

2.降低難度

- 降低帶球速率。
- 縮短射門距離。
- 減少重複次數。

成功的檢查點

- 以最大速率朝著球門帶球。
- 肩膀和臀部對準目標。
- 保持踢球腿的膝部超越球體。
- 保持踢球腳向下和穩固。
- 完整的朝著目標跟進動作。

操作成功的給分

0～14分＝1分

15～21分＝3分

22～30分＝5分

你的總分：＿＿＿＿

腳背踢球練習七　二對二射門比賽

　　使用球場的一端來操作練習。必須要六位球員，一位是守門員、一位是供球者，剩餘的四位球員分成兩隊，每隊兩名隊員。兩隊站立在18×44碼的罰球區內，供球者拿著一打足球站在罰球區弧圈的頂端，每一次以滾地球方式傳球到罰球區，這時候兩隊就要去爭奪球權。贏得球權的隊伍，要嘗試著去得分，另一隊試著去防守。假如一位球員抄球成功，則他的隊伍立即變成進攻隊伍且嘗試著去得分。守門員則保持中立，嘗試著去化解所有的射門。在守門員化解每一球之後、球被踢到界外或是已經得分時，供球者立即滾另一顆球向罰球區。得分較高的隊伍贏得比賽。比賽五場，每一次的得分給1分。

1.增加難度

- 運用標記來界定較小的球門。
- 增加一位防守球員，來創造多一位球員的防守優勢。
- 要求所有的射門，必須是第一時間起腳。

2.降低難度

- 運用標記來擴大球門。

- 增加一位進攻球員,來創造多一位球員的進攻優勢。

- 隊員之間的合作來創造得分機會。
- 把握得分機會,起腳射門。
- 準確性重於爆發力。

每場比賽平均射門得分1次＝1分

每場比賽平均射門得分2次或更多次＝3分

你的總分:_____

腳背踢球練習八　世界盃式的得分比賽

組織四到六支的球隊,每一隊兩個人。所有的隊伍都站在罰球區內,每一隊選擇他們想代表的國家名稱(例如:美國、英國、德國、西班牙)。一位中立守門員站在球門處,一位供球者站在球門的旁邊。供球者開始將兩個球傳到罰球區的外圍,所有的球隊去爭奪控球權。獲得控球權的隊伍嘗試著去射門得分,此時其他的隊伍嘗試著去防守。越位的規則不適用於此次的練習比賽。失去球權的隊伍立即變成防守方,得到球權的隊伍立即去進攻。在每一次球員化解了射門,供球者立刻回球到罰球區的外圍。所有時間內,運用兩個球來比賽。

射門得分的隊伍,前進到下一回合的比賽。隊伍得分之後,隊員就大喊他們的隊名,並且快速奔向球門的後方且等待下一回合的開始。當剩下一個隊伍沒有得分就結束此回合,而這一隊伍也就被淘汰。剩下的隊伍就進入到下個回

合。整場比賽方法與第一回合一樣。

整個比賽回合數要足夠,直到只有一個隊伍留下來為止,此號稱世界盃冠軍。被淘汰的隊伍到球門後方踢球。比賽五個場次。

1. 增加得分難度
- 增加參賽隊伍來減少可用的時間和空間。
- 每一球門運用兩個守門員。

2. 降低得分難度
- 擴大球門寬度。

- 把握任何起腳射門的機會。
- 肩膀和臀部對準球門。
- 保持踢球腳向下和穩固。
- 運用低角度和強力的射門。

世界盃比賽贏得0或1分＝1分

世界盃比賽贏得2或3分＝3分

世界盃比賽贏得4或5分＝5分

你的總分:_____

腳背踢球練習九　放空門

運用半個場區和一個標準的球門。將所有的隊員分成兩隊，第一隊球員站在一個球柱旁，第二隊球員站在另一個球柱旁。放置一個標記在球門18碼前目標中心位置，每個隊伍就近有一個供球站。

開始比賽，第一隊的球員站在球門，第二隊球員開始從球柱向前奔跑，繞過球門前方18碼處的標記轉向球門。這個時候第二隊的第二位球員就朝著罰球區的隊友拋出滾地球，讓隊友在第一時間內完成射門。當球員射門得分之後，迅速跑到球門線，扮演守門員的角色。第一隊也嘗試著以同樣方法來運作。假如射門者在他射門之後，並沒有來得及跑向球門線，這時對手的射門者就有一個空門的狀態。統計兩支隊伍在比賽時得分的多少，每一次射門得1分，得分較高的隊伍贏得比賽。比賽三回合。

提示：供球者A可以運用各種不同的供球形式（滾地球、反彈球或是各種角度的傳球等），依照練習實際的需求。

1. 增加得分難度
- 所有的射門必須從最少18碼以外來執行。

2. 降低得分難度
- 運用標記來擴大球門寬度。

成功的檢查點
- 肩膀和臀部對準球門。
- 保持踢球腳向下和穩固。
- 運用完整的跟進動作，朝著目標射門。
- 射門低而有力。

操作成功的給分
贏得0或1回合＝1分

贏得2回合＝3分

贏得3回合＝5分

你的總分：＿＿＿＿＿

腳背踢球練習十　四對四加上邊線與底線的標的球員

比賽場區60碼長、50碼寬，兩邊底線中央各有一個標準球門，中線將場區劃分成兩個同樣面積的半場。組成兩個隊伍，每隊八位球員，各有一位守門員站在兩邊的球門。

比賽開始，每一隊的四位球員和對手的四位球員在場區內展開競賽。每一隊可以去防守對方的射門，也可以在對手的球門內射門得分。每一隊其他四名球員，在他們對手的場區內扮演著目標的角色——兩邊邊線各一目標球員，底線球門兩旁各一目標球員。邊線的目標球員只允許兩次觸球來接和傳球，底線的目標球員只允許一次觸擊的傳球。目標球員不可以進入場區內，但可以接在比賽場區內隊友的來球並回傳。

每一隊伍的四位球員在場區內掌握控球權時，他們之間可以彼此傳球或傳給目標球員，目標球員可以回傳，或將球傳向球門區域讓隊友嘗試得分。運用目標球員可以創造八對四的情境，也就是說控球隊伍有多出四位球員的優勢。目標球員他們是不允許進入場區的，每一回合先得2分的隊伍就贏得比賽。目標球員立刻和他的隊友交換位置，繼續下一回合。首先贏得三回合的隊伍，就贏得比賽。

1.增加得分難度

- 所有的得分都必須在第一時間起腳。
- 所有的目標球員必須要運用一次觸球來比賽。

2.降低得分難度

- 目標球員可以進入場區，來創造進攻隊伍四位球員的優勢。

成功的檢查點

- 隊員的合作，創造得分的機會。
- 穿越對手的防守，來嘗試著射門得分。
- 射門時，對準球門。
- 保持踢球腳向下和穩固。
- 朝著目標運用完整的跟進動作。

操作成功的給分

贏得1回合＝1分

贏得2回合＝3分

贏得3回合＝5分

你的總分：＿＿＿＿

空中截踢

在射門之前，有些時候你會沒有時間將球控制在地面。在這樣的情境之下，你的最佳選項就是直接將球在空中截踢。一次成功的空中截球，必須要準確的時間差和正確的動作模式。假如你操作正確，就可以產生巨大的速率。在我長期的球員和教練生涯，所見證到的一些最讓人驚嘆的射門，都是在空中截踢的情況下來得分。

全空中截踢

空中截踢技巧的運用，是在一個反彈球或是一個從空中掉落地面的球，球員必須要肩膀對準目標來迎球（圖5.2）。微微彎曲你的支撐腿的膝部，來保持身體的控制和平衡。你的踢球腿向後延伸，並且腳部保持延展和穩固。保持頭部的穩固，注視球體。當球由空而降時，踢球腿向前用力，運用全腳背踢擊球的中心。儘量在球越接近地面的位置來踢球，觸球的一剎那，踢球腿的膝部應該是超越球體位置，你的踢球腳也應該是向下延展。運用短捷有力的踢球動作，而不要使用橫掃式的跟進動作。

錯誤的步驟

截踢球過高，超越了球門。

修正方法

這個錯誤主要是因為你在踢球的一剎那身體向後仰，踢球當下的時間差是最重要的。當你踢球時，儘量在球接近地面最低點來操作，運用你的腳背來踢球。踢球腳必須要朝下延展，膝部在觸球的當下必須要超越球體。

圖5.2　全空中截踢

準備層面

1.移位到球可能的落下點。
2.肩膀對準來球。
3.支撐腿的膝部彎曲。
4.踢球腿向後拉，腳部延展。
5.保持雙臂於體側，協助平衡。
6.保持頭部穩固，注視球體。

執行層面

1.臀部對準目標。
2.踢球腿的膝部必須超越球體。
3.保持踢球腿向下和穩固。
4.運用腳背踢擊球中心。

單元五　完成攻擊的射門

97

跟進層面
1.踢球腿向前彈出。
2.向前動量朝著目標。

半空中截踢

　　半空中截踢技巧在某個層次來說，是和全空中截踢一樣。主要的區別是半截踢在觸球的一刹那，球是在地面而不是直接在空中，所以要去預測球的落地點，朝著那個點去移動（圖5.3）。踢球腿向後拉，腳部保持穩固和延展。當你的踢球腿向前彈出時，肩膀和臀部必須對準目標。當球落地時，運用全腳背來踢擊球中心。在觸球的當下，踢球腿的膝部應該是在球體之上。踢球腳應該要保持穩固，並朝下延展。運用短捷有力的彈腿動作來操作。

錯誤的步驟
整個觸擊向左或向右偏離目標。

修正方法
準確的時間差和正確的技巧是重要的。錯誤的產生，往往是當球由地面向上反彈的時候，觸球的時機太遲。因此，一定要提早進入觸球位置，要判斷球的落下點，並且在球觸地的當下去完成踢擊動作。在觸球的當下，身體必須要對準目標。

錯誤的步驟
觸擊太高，並超越了球門。

修正方法
此錯誤的產生主要是你觸球的當下身體向後仰，要掌握觸球的時間差。身體要向前，並且膝部要在球體的上方。在觸球的當下，你的踢球腿應該是朝下。

圖5.3　半空中截踢

準備層面
1. 預期球的落地點，並移動至那個位置。
2. 彎曲支撐腿膝部。
3. 踢球腿向後拉，腳部保持穩固和延展。
4. 保持雙臂於體側，協助平衡。
5. 保持頭部穩固，雙眼注視球。

執行層面
1. 肩膀和臀部對準目標。
2. 踢球腿的膝部要在球體之上。
3. 踢球腿向前彈出。
4. 保持踢球腳延展和穩固。
5. 當球觸地時，踢擊球的中心。

跟進層面
1. 踢球腿向目標跟進。
2. 向前動量通過觸球點。

側面空中截踢

運用側面空中截踢技巧，來控制朝著你身體側面而來的反彈球或落地球，向得分區前進。當來球時，身體要面對來球（圖5.4），之後身體轉向側面，前肩朝著你所想要的球的前進方向，抬高你的踢球腿置於側面，而且要幾乎與地面平行。你的踢球腳向後延展，保持屈膝，頭部保持穩固，眼睛注視著球

體。運用腳背將踢球腿向前彈出，觸擊球體的上半部。跟進動作時，轉動你的身體朝向目標，踢球腿要微微的向下。

假如你的踢球腿直接踢擊球體，而不是運用強力的彈動下腿來觸球，就會造成側面空中截踢缺乏爆發力。應該要持續保持你的腿在向後延展的位置，直到最後觸球的一刻，然後踢球腿再向前用力，運用簡潔的爆發力觸擊球的上半部。

錯誤的步驟

造成高飛球飛越球門。

修正方法

當你踢球的時候，踢球腿的膝部必須是稍微在球體上方。踢球腿應該要向下踢擊球體的上半段。

 錯誤的步驟

球偏離了球門。

修正方法

當你踢球的時候，要轉動你的身體朝著目標。在你完成跟進動作的時候，應該要對準球門。

圖5.4 側面空中截踢

準備層面
1. 面對來球。
2. 側面抬高踢球腿和地面平行。
3. 踢球腳向後延展，並屈膝。
4. 運用支撐腿來平衡身體重量。
5. 保持雙臂於體側，協助平衡。
6. 保持頭部穩固。

執行層面
1. 以軸心腳為主，身體朝著來球半轉身。
2. 肩膀對準目標。
3. 踢球腿朝前上方用力彈出。
4. 運用腳背踢擊球的上半段。

跟進層面
1. 轉動身體對準目標。
2. 踢球動作角度稍微朝下。
3. 朝著踢球方向，產生向前動量。
4. 踢球腿落地。

空中截踢練習一　空中截踢給隊友

　　面對6碼外的夥伴，持球在腰際，將球拋到地面然後大步向前。運用空中截踢，將球踢至夥伴的胸前部位。你的夥伴接住球以後，用同樣的空中截踢的方式將球回傳給你。要交替的運用你的左腳和右腳，持續三十次的全截踢練習。再重複三十次半截踢的練習，同樣的左右腳交替運用。當每一次的空中截踢都直接傳給你的夥伴，而且他能夠在空中接住球得1分。記錄所有的得分。

1.增加難度

• 延長距離至10碼。

• 空中截踢或半截踢，來自夥伴的拋球。

• 當在場區慢跑時，要利用空中截踢回傳來自夥伴的球。

2.降低難度

• 縮短距離至5碼。

成功的檢查點

• 肩膀和臀部對準目標。

• 保持頭部穩固，注視球體。

• 向下延展腳部，保持穩固。

• 運用全腳背踢擊球體的垂直中線。

• 踢擊腿簡短、強力的彈出。

操作成功的給分

0～39分＝1分

40～49分＝3分

50～60分＝5分

你的總分：＿＿＿＿＿＿

空中截踢練習二　繞著旗幟空中截踢

　　三個人一組，兩位隊友（供球者）。運用場區的一端來比賽，使用正規的球門，在球門10碼前的中間放置一個旗桿（或相同的標記）。你站立在標記的位置，然後每一球柱有一位供球者準備來供球。第一位供球者首先將球拋至球門前5碼區，你則快速向前跑，運用空中截球將球推進球門，然後迅速快跑回到標記點，且重複和另一位供球者同樣的流程。交替運用你的左腳和右腳，持續操作二十次的全截球。每一次直接截球入門得1分，記錄下所有的得分。

1.增加難度

• 延伸空中截球距離至10碼。

• 增加重複次數。

2.降低難度

• 允許在空中截球之前，球彈地一次。

成功的檢查點

• 肩膀和臀部對準目標。

• 保持頭部穩固，注視球體。

• 保持腳向下延展和穩固。

• 運用全腳背踢擊球體的垂直中線。

• 踢球腿簡短有力的彈出。

單元五　完成攻擊的射門

0～10分＝1分

11～15分＝3分

16～20分＝5分

你的總分：_____

空中截踢練習三　拋球、空中截踢得分

　　站在球門前面20碼處，準備供球。守門員站在球門區將球拋至空中，在你前面3～4碼處落地，你向前移動，允許球彈地一次。運用全空中截踢動作射門。操作二十次全空中截踢和二十次半空中截踢，共四十次截踢。左右腳交替來操作這個空中截踢。每一次成功的射門，即使守門員化解了射門，就得1分。

1.增加難度

• 延伸射門距離。

• 空中截踢來自供球者的球。

• 運用非慣用腳來空中截踢。

2.降低難度

• 縮短射門距離。

• 擴大球門面積。

• 直接從你手上來空中截踢。

成功的檢查點

• 肩膀和臀部對準目標。

• 保持頭部穩固。

• 即使是彈離地面幾英寸，都允許這樣的彈地球。

• 踢球腳必須向下和穩固。

• 運用腳背踢擊球體的垂直中線。

• 運用簡短有力的跟進動作。

操作成功的給分

0～19分＝1分

20～34分＝3分

35～40分＝5分

你的總分：_____

空中截踢練習四　側面空中截踢得分

　　站立在球門前中央6～8碼的距離，供球者站在球門側面20～25碼的位置來供球。供球者將球拋出，你運用側面空中截踢來射門。沒有守門員。左側、右側各操作二十次。每一次的側面空中截踢射門就得1分。

1.增加難度

• 增加射門距離到15碼。

2.降低難度

• 自我拋球來執行側身空中截踢射門。

成功的檢查點

• 面向供球者。

• 抬腿向後，腳部延展和穩固。

• 以支撐腳當軸心來轉身迎球。

• 前肩轉向球門。

足球

邁向卓越

- 踢球腳向下踢擊球的上半部。

0～19分＝1分

20～29分＝3分

30～40分＝5分

你的總分：＿＿＿＿＿

空中截踢練習五　空中截踢得分

　　每一隊四到六個人，分成兩隊。運用標記來界定長方形的場區為40×60碼，兩邊底線放置一標準球門，不需要守門員。每一隊要去防守對方的射門，同時也可以在對方的球門射門。運用傳、接的方式，而非踢球的方式在隊友之間傳球，持球員在將球傳給隊友之前，不可以超過四步的移位。控球權的替換是在下列情形下產生：防守隊員攔截成功、球出界前為進攻隊員最後觸擊、彈地球、球員傳球之前走超過四步，以及射門得分之後。

　　將隊友拋出的球，運用空中截踢直接射門入網就得1分。球員不允許自己拋球及射門，因為沒有守門員的緣故，所有球員允許用手接球或擋球。比賽時間15分鐘，得分高的球隊贏球。

　　提示：因為一個成功的全空中截球技巧，需要精準的時間差和正確的技巧，所以比賽不適用於較年輕的球員。

1.增加難度

- 加入守門員。

2.降低難度

- 允許球員可以直接用手空中截球。

- 肩膀和臀部對準目標。
- 允許彈地球越低越好。
- 踢球的瞬間，膝部要在球體上方。
- 保持踢球腳的延展和穩固。
- 踢球腿簡短有力的彈出。

輸隊的隊員＝0分

贏隊的隊員＝1分

你的總分：＿＿＿＿＿

曲球（香蕉球）

　　有些時候射門的直接途徑並不一定是最好的，特別是在發角球和自由球的時候。你可以嘗試著運用曲球繞過或超越人牆。你可以運用球的旋轉，造成飛行路徑的彎曲，運用右腳背的內側來踢擊球的外上側，會造成球由右向左的彎曲路徑。運用左腳背的內側來踢擊球的外上側，會造成球由左向右的彎曲路徑。以上兩種型態的曲球通稱為inswingers，可以創造得分的機會。

　　在執行曲球之時，必須從球的後方小角度來進入（圖5.5）。你的支撐

腳放在球的後側方,保持頭部的穩固,眼睛注視球體。向後延展你的踢球腿,保持腳步延伸和穩固。當你觸球的一剎那,身體微微向後仰,遠離球體。當你運用腳背的內側踢球後,運用由外向內的跟進動作。

你可以運用腳背的外側,來執行另一個方向的曲球。運用右腳背的外側來踢擊球體的內半部位,造成由左向右的曲球。相反的,運用左腳背的外側來踢擊球體的內半部位,造成由右向左的曲球。這兩種型態的踢法,通常叫作outswingers。踢球腿要運用內向外的跟進動作,踢球腳要向下並且向內來踢球。一個完整的跟進動作,將產生較大的爆發力和彎曲。

圖5.5 曲球

準備層面
1.從球後方小角度接近。
2.支撐腳置於球的後側方。
3.踢球腿向後延展,保持腳步延伸和穩固。
4.雙臂置於體側,協助平衡。
5.保持頭部穩固,注視球體。

執行層面
1.身體微微向後遠離球體。
2.運用腳背的內緣或外緣,來踢擊球的左邊或右邊的垂直中線。
3.保持踢球腳的穩固,角度向下。

跟進層面
1.保持觸球點的動量向前。
2.在運用腳背外緣的踢球動作時,運用內向外的踢球動作。
3.在運用腳背內緣的踢球動作時,要使用由外向內的踢球動作。
4.跟進動作要到腰部的高度或更高。

 錯誤的步驟
沒有造成球的彎曲飛行。

修正方法

除非你對球體施予足夠的速率或旋轉，否則球的飛行就不會有彎曲的現象。要踢擊球體垂直中線的左邊或右邊，不能直接踢中心點。踢球者身體要微微向後遠離球體。對於腳背外緣的踢球法，要運用由內向外的踢球動作。而腳背內緣的踢球法，則使用由外向內的踢球動作。

錯誤的步驟
踢球軟弱無力。

修正方法

踢球軟弱無力的產生，都是下列因素造成的：踢球時踢球腳太靠近球體、踢球時踢球腳沒有保持穩固，或是不足的跟進動作。必須要踢擊球體的左邊或右邊的中心線，而不是球體的外緣。儘量運用腳背的面積來踢球，產生較大球體的旋轉。踢球腳要延展，拉到穩固的位置。一個完整的跟進動作加上適當的踢球力學，會產生球體足夠的速率來旋轉，會造成球體飛行路徑的彎曲。

曲球練習一　標的射門練習

運用膠布在牆上界定一個4×4碼的目標，在20碼外放置一個球，嘗試來執行曲球射門。運用你的慣用腳，操作三十次曲球射門。每次的操作造成曲球的路徑，並命中目標得1分。

1.增加難度
• 目標區縮短成3×3碼。

2.降低難度
• 縮短射門距離。
• 擴大目標區5×5碼。

成功的檢查點
• 從球體的後方，小角度的接近。

• 臀部對準目標。
• 保持踢球腳延展和向下穩固。
• 踢擊球的垂直中線的左邊或右邊。
• 球體要產生足夠的旋轉或速率。

操作成功的給分
低於4或4分＝0分
5～8分＝2分
9～14分＝3分
15～19分＝4分
20～30分＝5分
你的總分：＿＿＿＿＿＿

曲球練習二　各種組合射門得分

在罰球區外的不同點放置一打足球，一位守門員站在球門，練習直接自由球射門。運用腳背的內側或外側來嘗試曲球的操作。在操作十二次之後，再

重新將球放在不同點，再重複這樣的練習，直到二十四次的自由踢為止。每一次曲球朝著目標產生就得1分，曲球應聲入網就給2分。守門員負責每次的接球，並將球回傳。

1.增加難度

- 擴大射門距離。
- 使用小球門。
- 運用移動式的踢球牆，放在球的10碼處。

2.降低難度

- 從15碼處來射門。

曲球練習三　運用曲球射門

七位球員參與此練習，其中一位扮演中立的守門員。比賽場區50×50碼，在場區內畫一個25碼的正方形。在25碼的正方形內，放置兩個三角錐或旗幟代表8碼寬的球門。中立的守門員站在球門，嘗試去化解所有的射門，其他的球員就分成各三位球員的兩個隊伍。

隊伍以三對三在大場區內比賽。首先，一隊控球，另一隊防守。當進攻隊射門穿越了中間球門的任何兩邊，並且低於守門員的高度就得1分。守門員必須隨著球的落點，隨時調整位置。所有隊員不允許進入25碼的正方形內，所有的射門必須從25碼之外，運用腳背的內側或外側來踢出曲球。出界球可以重新擲球入場，當防守球隊取得球權時立即轉變成進攻球隊，並且試著射門得分。當守門員化解了射門之後，可以立即將球拋至場區的角落，讓兩個隊伍來為爭奪球權而打拼。比賽時間15分鐘。球員記錄下他們曲球得分的次數。

提示：這個練習最適用於年長有經驗的球員。

1.增加進攻球隊難度

- 縮小球門面積。
- 限制球員到三名，減少傳球或射門的觸球次數。
- 增加一位防守球員，造成優勢。

2.降低進攻球隊難度

- 擴大球門。
- 增加一位進攻球員，造成優勢。

- 保持頭部穩固和踢球腳在觸球時的穩定性。
- 產生球體的旋轉和速率。
- 把握每次的射門機會。

成功的結論

要成為一位熟練的得分球員在單元一，必須發展你射門的爆發力和準確性。一旦你在低壓力的練習情境中有穩定性的強力射門技巧，就可以向前進入與比賽情境類似的壓力、時間、空間、身體的疲累，還有強勁對手挑戰。有必要的話，你可以稍微修正一下單元五的練習，來符合你的需求。

單元五的每個練習都有給分的機制，所以你可以自己評估本身的得分表現，並記錄下你的得分情形。記錄以下的得分情況，並且可以約略評估你成功的整體水準。

腳背踢球練習

1. 擊中標的（5分裡面得_____分）
2. 射穿球門中心（5分裡面得_____分）
3. 標的和得分組合（5分裡面得_____分）
4. 壓力下射門（5分裡面得_____分）
5. 兩次觸擊後射門得分（5分裡面得_____分）
6. 帶球射門得分（5分裡面得_____分）

7. 二對二射門比賽（3分裡面得_____分）
8. 世界盃式的得分比賽（3分裡面得_____分）
9. 放空門（5分裡面得_____分）
10. 四對四加上邊線與底線的標的球員（5分裡面得_____分）

空中截踢練習

1. 空中截踢給隊友（5分裡面得_____分）
2. 繞著旗幟空中截踢（5分裡面得_____分）
3. 拋球、空中截踢得分（5分裡面得_____分）
4. 側面空中截踢得分（空中）（5分裡面得_____分）
5. 空中截踢得分（1分裡面得_____分）

曲球練習

1. 標的射門練習（5分裡面得_____分）
2. 各種組合射門得分（5分裡面得_____分）

3. 運用曲球射門得分（3分裡面得＿＿分）

總分（80分裡面得＿＿＿分）

你的得分在63分以上，表示你已經熟練了射門技巧，並表示你已經準備往單元六前進。至於得分在45～62分之間也表示不錯了，再去複習、演練整個射門技巧，也可以前進到單元六。得分在45分以下就要努力的去練習，複習在單元五所有的內容，反覆練習每一個射門技巧，改變你的總分之後，再前進到單元六。

單元六　守門

守門員的工作是比較艱困的，是比賽中必備的位置，也是一個必須具備特殊條件的球員。在球門附近的動作通常是比較快速的、比較激烈的，而且是身體接觸頻繁的。所以，膽識和勇氣是守門員組成的關鍵要素，因為守門員必須在比賽當中面對許多的身體挑戰。當一個守門員面對急速向前的對手，就必須要去化解可能得分的威脅，或者要無所畏懼的運用你的身體，去阻擋可能的射門得分。在任何情況下，要盡其所能，阻止球體進入球網的後方。一次判斷的失誤可能造成球隊的輸球，精神層面的堅韌就像身體層面的強壯一樣重要。守門員在比賽的高張力之下，往往在零點幾秒要作出決策，並且要面對比賽結果的好或壞。對每一位守門員來說，錯誤的判斷發生十之八九，絕對不要去影響到你的信心和專注力。你必須要很快將錯誤忘掉，並快速向前進。絕對不要讓上一個表現，影響到你下一個表現。

因為守門員與場上其他球員表現不同的組合技巧，所以守門員也需要不同的配備。首先，大多數的守門員穿戴特製的守門員手套，幫助他們能夠抓住強勁的射門球，並且能夠緩衝強勁射門球的力道。守門員的服裝通常在手肘有襯墊，因為守門員在很多的情況下必須要魚躍來化解危機。另外守門員的褲子，通常也有薄薄的護墊來保護他的臀部和臀關節。

先將配備放於一旁，守門員要在高水準的比賽中有穩定性的表現、精神層面的堅韌、優異的身體能力，以及好的決策能力。大多數的優秀守門員都是身體高大，並且具備絕佳的彈跳能力，他們也具備接住來自不同角度和距離的強力來球的能力。需要的時候他們也必須用身體來擋球，或是以魚躍來化解射門得分的壓力。超優的敏捷性、平衡和身體的控制，能夠讓守門員在球門前瞬息萬變的情況下作出立即的反應，強有力的雙腿和上半身，使他們能夠跳得高來接住可能得分的來球。需要的時候，他們也會面對對手試圖要贏球的挑戰。

除了要熟練基本的控球技巧之外，現代的守門員必須要能夠熟練用腳接球和傳球。向後傳的規則出現以後，隊友經常會把球回傳給守門員。守門員就必須用腳來踢球，而不是用手接球。

除了現今守門員所賦予的角色之外，事實上，守門員在一個足球隊裡面也是一個真正的特殊球員，賦予守

門員去執行8英尺（2.4公尺）高與24英尺（7.3公尺）高的守門任務，守門員就變成阻擋對手射門得分的最後阻礙。重要的守門員技巧包含基本的守門員知識，通常我們稱它為準備姿勢，還有去接滾地球、飛球的技巧、魚躍的技巧，以及經由滾地球、拋球、拋踢和高踢的分球能力。

準備姿勢

身為一位守門員，在任何時候你都必須要保持良好的身體控制和平衡。所有的動作都以守門員標準姿勢開始，通常我們稱為準備姿勢（圖6.1）。當對手帶球進入球門的射門距離時，守門員就要採取準備姿勢。面對球體肩膀須對準，雙腳分開大約與肩同寬。保持頭

部和上半身挺直，雙膝微微彎曲。身體重心前移到前腳掌，腳後跟稍微抬離地面。舉起雙手大約在腰部的高度，手掌向前，手指向上。保持頭部的穩固，並注視著球體。採用這個姿勢，守門員就能夠輕鬆地朝任何方向移位，來接球或化解射門的危機。

錯誤的步驟

你不能迅速的側移，來化解射門。

修正方法

在對手起腳之前，你的雙腳先定位來確保整個身體的平衡和控制。

圖6.1 準備姿勢

準備層面

1. 身體向前與球門線平行。
2. 身體跟球呈一直線。
3. 保持頭部穩固，眼睛盯著球。
4. 肩膀和臀部對準球。
5. 保持上半身靜止。
6. 保持身體重量向前，置於前腳掌。
7. 保持雙手置於腰部高度，掌心向前，手指向上。
8. 膝部稍微彎曲來保持平衡。
9. 雙腳在對手起腳射門之前，預先定位。
10. 回應球的落點，隨時調整身體位置。

接滾地球

飛球一般有一致性的飛行路徑，因此在一個規律的基礎上來操作整個動作流程，是與偶爾一些比較驚奇的化解動作一樣重要。假如守門員站立位置正確，大多數的化解球應該是像例行動作一樣，除非你的隊友沒有在你面前組織好防守的陣式。因應射門的特性，有三種接滾地球的技巧，守門員必須要能夠熟練每一項技巧。

站立式的勺子手型接球化解射門

當一個滾地球直接朝著守門員而來，這時候就是運用勺子手型接球技巧來接球的適當時機。通常它也被稱為站立式手型接球化解射門（圖6.2）。守門員必須迅速地側向併步移位到球和球門之間（提示：側移位時腿不要交叉移位）。迅速雙腳定位，腿要伸直，兩腳打開數英寸。迎球時身體向前彎曲，兩臂向下延展，手掌向上，雙手呈杯狀

動作。前臂要互相平行，而且手指幾乎要觸擊地面。讓來球滾進你的手腕和前臂之間，然後身體回復挺直姿勢，而在胸前緊抱著球。絕對不要嘗試著運用雙手，直接的接滾地球。

錯誤的步驟

球從你的手裡面彈走了，而進入對手的前進路線。

修正方法

絕對不要嘗試著直接用雙手接球，取而代之的，要讓球滾進你的手腕和前臂之間，然後在胸前緊緊的抱住球，之後回復到站立的姿勢。

錯誤的步驟

滾地球穿越你的胯下，而滾進球門。

修正方法

盡可能的身體應該在球的後方，兩腳與肩同寬。假如球不巧地從你的雙手之間滑走，那就可能造成球從你的雙腿彈走，而不是滾進球門。

圖6.2　站立式的勺子手型接球化解射門

準備層面
1. 設定腳和身體在準備姿勢的狀態下，置於球和球門之間。
2. 注視來球。
3. 腰部向前彎曲。
4. 雙臂向下延展。
5. 手掌向前呈杯狀。

足球
邁向卓越

112

執行層面

1. 讓球滾進你的手腕和前臂。
2. 兩腳開立與肩同寬，保持腿部伸直。
3. 接球的一刹那，身體微微後縮。
4. 雙臂繞著球體捲曲。

跟進層面

1. 運用前臂將球抱緊在胸前。
2. 回復到站立的姿勢。
3. 傳球給隊友。

跪姿救球

當滾地球朝著守門員的側面前進時，一般我們就稱為tweener，而且通常採用跪姿救球去接球。這樣的射門距離守門員採用站立的跪姿救球就可以，並不需要去採用魚躍救球。跪姿救球的技巧，也可以運用在阻擋近距離的彈跳高速射門的時候。

運用跪姿救球（圖6.3），守門員必須在球門前側身移位。朝著你的前進方向延展前腳，膝部彎曲。後腿跪下，和球門線平行。為了避免來球穿越你的腿之間的可能性，所以介於你前腳跟和後腿膝部的開放空間要緊縮到數英寸。這個跪姿救球的姿勢，首先上半身要向前彎曲，然後肩膀對準來球，讓來球滾進你的手腕和前臂，在胸前抱緊球。

圖6.3　跪姿救球

(a)

準備層面
1.準備姿勢時，肩膀和臀部對準目標。
2.保持兩腳開立與肩同寬。
3.保持雙手置於腰部的高度，掌心向前。
4.注意來球。

(b)

執行層面
1.側向併步移位，攔截來球。
2.後腿跪在地上，並且與球門線平行。
3.腰部向前彎。
4.保持肩膀向前，對準來球。
5.保持掌心向前，手指延展。
6.讓球滾進你的手腕和前臂。

(c)

跟進層面
1.運用前臂在胸前抱緊球。
2.回復站立姿勢。
3.傳球給隊友。

錯誤的步驟

來球從你的手中彈走。

修正方法

這個錯誤的產生主要是你直接用雙手去接球,而不是讓球滾到你的手腕和前手臂,必須要採用勺子型的接球動作。在你回復站立姿勢之前,在胸前抱住球。

前躍救球

當一個低而有力的來球朝著你迎面而來時,傳統式站立的救球就不適合運用在這個情境上。特別是在這個地面潮濕、打滑的情況下(球碰到水分或潮濕的草地會加速)。為了要抵銷球體的加速,和避免它彈跳,所以要運用前躍救球(圖6.4)技巧來接球。

肩膀擺正對準來球,腰部向前彎曲,屈膝朝著球前躍至地面。延展前臂和手置於球體底下,掌心朝上,運用手腕和前臂來接球,而不要用雙手接球。身體向前傾倒的同時,將球置於前臂和胸部之間。延展並稍微的張開雙腿,來平衡和支撐身體。

錯誤的步驟

球從你的手臂滑走,越過胯下,進入球門。

修正方法

假如守門員沒有專注或運用了不正確的技巧,這樣的錯誤即使是有經驗的守門員也可能發生。要避免這樣的錯誤,當你前躍救球時,必須將你的兩隻手臂緊緊地靠在一起置於球底。當接球時,保持雙臂的伸展和平行,前臂張開數英寸距離。運用勺子型的接球方式,將球抱在你的前臂和胸部之間。

圖6.4　前躍救球

準備層面
1. 準備姿勢就位。
2. 肩膀和臀部對準球。
3. 腰部微微向前彎曲,屈膝。
4. 注視來球。

(b)

執行層面
1.身體前躍落到地面。
2.延展前臂置於球底，掌心朝上。
3.運用手腕和前臂來接球。

(c)

跟進層面
1.身體向前用前臂倒地。
2.將球置於前臂和胸部之間。
3.雙腿向後延展，稍微張開。
4.起身傳球。

接滾地球練習一　勺子狀的救球

　　兩個供球者（A和B），各持一球，面對面間隔20碼。你站在兩位供球者中間，供球者A開始將球以一般的配速滾給你，你則使用站立的勺子狀救球技巧來接球，然後再將球回傳給供球者A。之後立即轉向接供球者B滾來的球，再回傳給他。持續這樣的練習，直到你運用勺子狀救球技巧來接三十球。

成功的接住並抱住來球得1分。

1.增加難度
 • 增加供球速率。
 • 增加重複次數。

2.降低難度
 • 減緩滾地球的速率。

成功的檢查點

 • 腰部前彎。

- 保持雙腿併攏和直立。
- 讓球滾進手腕和前臂。
- 運用勺子狀技巧在胸前抱住球。
- 回復到直立姿勢。

接滾地球練習二　射門者和守門員

　　一位守門員站在球門前來防守射門，一位射門員面對守門員站立在罰球區頂端的內緣。射門員將球向球門滾動，然後瞬間朝著守門員踢出滾地球，守門員則運用站立救球技巧來接球，再回球給射門員。重複這樣的練習，練習到守門員接了三十次的滾地球。守門員每一次的運用站立救球方式接球，並且抱住球就得1分。

1.增加難度
- 增加供球速率。
- 在罰球區內增加數位供球者，站於不同的角度。

2.降低難度
- 降低供球的速率。

成功的檢查點
• 肩膀和臀部對準來球。
• 腰部前彎。
• 雙腿靠緊和直立。
• 讓球滾進手腕和前臂。
• 手呈勺子狀在胸前抱住球。
• 恢復站姿。

操作成功的給分
0～24分＝1分
25～27分＝3分
28～30分＝5分
你的總分：_____

接滾地球練習三　跪姿救球

　　一位守門員站在球門右邊靠近球柱的位置，一位供球者跟每一個球柱呈一直線，站在球門線10碼前。供球者A（站在守門員前面）將球滾到守門員的左邊，守門員則側向移位來接球。守門員運用跪姿技巧來救球，並立即回球給供球者B，並繼續立即側向併步移位到球門的左邊球柱。這時供球者B將球朝著球門的中間，將球滾向守門員的右側。守門員朝著球側向併步去使用跪姿救球技巧來接球，然後回球給供球者A。持續球柱之間的側向併步移位，完成二十次的跪姿救球。每一次正確執行救球，就得1分。

單元六　守門

1.增加難度
- 增加供球的速率。
- 增加重複的速度。
- 增加重複的次數。

2.降低難度
- 減低重複的速度。
- 減少重複的次數。

- 朝著來球延展前腳。

- 後腿跪地。
- 後腿和球門線平行。
- 讓球滾進手腕和前臂。
- 用胸部抱球。

0～14分＝1分

15～17分＝3分

18～20分＝5分

你的總分：＿＿＿＿＿

接滾地球練習四　向前飛躍救球

　　這個練習最好是在戶外的柔軟地面上，或是運用室內的體操墊來操作。跪地來面對同時跪在5碼之外的夥伴，在你夥伴面前拋出一個球，你的夥伴運用前躍接球技巧來接球。你的夥伴也運用同樣的方式回球給你，你也運用前躍接球技巧來繼續操作。每位球員完成二十次的執行動作，就停止練習。每一次成功的接球和抱球就得1分。

1.增加難度
- 改變供球的行進路線和速率。
- 以半蹲的姿勢來操作前躍接球。
- 以站立的姿勢來操作前躍接球。

2.降低難度
- 降低供球速率。

- 肩膀對準來球。
- 屈膝。
- 向前倒地。
- 以勺子狀接球，掌心向上，前臂置於球底。
- 保持前臂平行。
- 抱球在胸前。

0～14分＝1分

15～17分＝3分

18～20分＝5分

你的總分：＿＿＿＿＿

足球
邁向卓越

接滾地球練習五　接穿越球

守門員A站在球門的底線，守門員B站在罰球區的頂端面向球門。供球者A站在球門前方中心25碼處來供球。一開始供球者將球向前滾動至罰球區，穿越了向前快速奔跑的守門員B，這時守門員A快速穿出球門向前進，並運用前躍接球技巧在守門員B還沒有到之前來接球。球員回復到原來的位置，然後重複操作。守門員在完成了二十次的前躍接球動作後，就交換位置。每一次成功的接球得1分。

1.增加難度

• 增加供球速率。

• 增加重複次數。

2.降低難度

• 降低供球速率。

成功的檢查點

• 向球快速移動抄球。

• 身體向前躍出。

• 保持掌心向上，與前臂平行。

• 前臂置於球底部。

• 在胸前抱住球。

操作成功的給分

0～13分＝1分

14～16分＝3分

17～20分＝5分

你的總分：＿＿＿＿

接滾地球練習六　守門員的滾地球爭奪

放置兩個相對帶網的球門間隔20碼，每一球門有一名守門員A和B。守門員A把球運用滾地球或是踢球的方式，嘗試著超越守門員B，進入球門。守門員B則嘗試著來化解射門，也試著朝球員A以相同的方式來射門得分。守門員只允許起腳之前一步的移位，所有的射門必須是以滾地球來執行，並且直接針對對方的守門員。守門員視射門的情況而定，來選擇採用站姿救球、跪姿救球或前躍救球。每一次射門成功得1分。比賽15分鐘，記錄下所有的得分。守門員救球成功較多者，贏得比賽。

1.增加防守守門員難度

• 縮短射門距離來增加速率。

2.降低防守守門員難度

• 擴大射門距離。

成功的檢查點

• 對準來球。

• 選擇適當的接球技巧。

• 胸前抱球。

• 不要放棄彈地球。

操作成功的給分

輸的守門員＝0分

贏的守門員＝2分

你的總分：＿＿＿＿

單元六　守門

接飛球

守門員要主導球門區域，就必須要勝任無論是飛球或是滾地球的掌控。球門前面和中間的空間被視爲是守門員個人的區域，而且是守門員必須要成功去控管的區塊。來自於罰球區外的強力射門，無論是飛球或滾地球，當然對守門員是一項挑戰。守門員針對來球的高度、速率和拋物線，要充分的解讀。最後，才能決定要使用什麼樣的接球技巧。

接普通高球

一個普通高球的界定，是球的高度介於腳踝和腰部之間。當來球大約在腳踝高度的時候，就運用勺子手型的接球技巧，你的身體要在球和球門之間，雙腿伸直，兩腳開立與肩同寬。腰部前彎，雙臂向下延伸，手指向前，掌心朝上。運用你的手腕和前臂來接球，並且在胸前抱球。絕對不要嘗試用你的掌心來接普通高球，因爲這樣的接球方法是困難的。

在接腰部高度的來球時，彎腰、雙臂要平行且向下延伸，運用雙肘下方的前臂內緣來接球。迎球時，向後跳一點點來緩衝撞擊。射門球的速率越大，你必須使用更多的緩衝，來防止球彈離你的控制範圍。

圖6.5　接普通高球

準備層面
1.對準來球。
2.兩腳開立並與肩同寬，兩腿伸直。
3.雙臂向下延伸，保持前臂平行。
4.手指頭向下，掌心朝上。
5.注視來球。

執行層面
1.腰部前彎。
2.屈膝。
3.用手腕和前臂來接觸球。

跟進層面
1.些微的向後跳來緩衝撞擊。
2.允許球向前臂上滾。
3.運用前臂抱球在胸前。
4.傳球給隊友。

錯誤的步驟
球彈離了你的雙手。

修正方法
絕對不要嘗試著用雙手接球，取而代之的要用你的手腕和前臂觸球，然後在胸前抱球。

接普通高球練習一　接普通高球

你和兩位守門員A和B面對面，距離8碼。你將球拋向守門員B大約在腰部的高度，守門員B運用適當的接球技巧來接球。守門員B也用相同的方法回球給你。身體要置於球的後方，身體前傾，雙臂延伸至球底部，掌心朝上。運

單元六　守門

用手腕和前臂來接觸球，之後再用身體來抱球。操作三十次，成功的接球和抱球就得1分。

1.增加難度
- 變化供球方式。
- 增加供球速率。
- 充分利用時間（在特定時間限制內，盡可能操作更多重複次數）。

2.降低難度
- 降低供球速率。

成功的檢查點
- 身體對準來球。

- 雙腳開立並與肩同寬，腿部伸直。
- 雙臂向下延伸，前臂保持平行。
- 腰部前彎。
- 運用手腕和前臂來接觸球。
- 在胸前抱球。

操作成功的給分
0～19分＝1分
20～25分＝3分
26～30分＝5分
你的總分：_____

接普通高球練習二　救球、轉身再救球

守門員A和B各持一球，站立於20碼的兩端，守門員C站在他們中間。守門員A將球拋或踢給守門員B，守門員B接球後回球給守門員A，守門員B立即轉向接來自守門員C的普通高球。重複次數二十次，直到每位球員的位置都輪換為止。每一次成功的穩固接球得1分。供球者必須要朝著守門員的方向來供球。

1.增加難度
- 加快供球的速率。
- 增加供球次數。

2.降低難度
- 降低供球速率。

成功的檢查點
- 對準來球。
- 兩腳開立並與肩同寬，雙腿挺直。
- 雙臂向下延伸，前臂保持平行。
- 腰部前彎。
- 運用手腕和前臂來接觸球。

操作成功的給分
0～13分＝1分
14～17分＝3分
18～20分＝5分
你的總分：_____

接普通高球練習三　重複訓練

比賽場區30×30碼，一位守門　　　員，六或八位球員。在邊線上放置兩個

旗幟代表球門的寬度，守門員就站在球門前。場內的球員就在場區內，運用四個球來互相傳球，在守門員的一聲令下（大聲叫出一位球員的名字），這位球員就朝著守門員傳出一個普通高球，守門員接到這個球以後，也立刻將球傳給了最靠近他的開放球員。守門員以叫名字的方式，來向場上其他球員要球。所有的供球，必須是距離球門15碼以上。守門員持續的接球和傳球15分鐘。球員不能夠成功的抱住球，就被判罰1分。

1.增加難度

• 增加供球的速率。

2.降低難度

• 減少重複次數。

• 對準供球者。

• 雙腳開立與肩同寬，雙腿伸直。

• 雙臂向下延伸，前臂保持平行。

• 腰部前彎。

• 運用手腕和前臂接觸球，並在胸前抱緊。

操作成功的給分

6分或6分罰分以上＝1分

4～5分罰分＝3分

0～3分罰分＝5分

你的總分：＿＿＿＿＿＿

接胸部的高球和頭部的高球

當在接胸部或是頭部高度的高球時，肩膀必須對準來球。雙手要擺在通常我們說的W（窗戶）的位置（圖6.6）。手指頭要展開，並且朝著來球延伸，大拇指幾乎要觸擊到球。在接球時，儘量要去抓住球的上半部。前臂必須平行置於球的後方，手肘微彎，朝著球延伸你的雙臂。嘗試著用指尖來接胸部高度和頭部高度的來球。接觸球的當下，雙臂要向後收縮，來緩衝撞擊，並且將球在胸前抱住。

盡可能的能夠遵循「手－眼－頭」的原則，來接胸部高度或頭部高度的來球（圖6.7），接球時，手、眼和頭要對準來球。從你的大拇指和食指形

圖6.6　雙手呈W狀

成的窗戶來透視來球，並注視整個球進入你手中的過程。當你的指尖接觸球的一刹那，應該是幾乎沒有聲音，守門員通常有一雙很柔軟的手。

錯誤的步驟

球從你的雙手溜走。

修正方法

雙手盡可能併攏，形成一個窗戶的形式。大拇指和食指在你接球的當下，幾乎要觸擊到球的背部。接球時，應該是雙手在球的上端。

錯誤的步驟

球從你的雙手彈走。

修正方法

接球的時候使用你的指尖，而不是掌心。為了要緩衝撞擊，接觸球的當下，手臂和雙手要稍微的向後。

準備層面	執行層面	跟進層面
1.肩膀和臀部對準來球。	1.雙手置於W的位置。	1.雙手和手臂向後縮。
2.雙腳開立約與肩同寬。	2.手肘微彎。	2.在胸前護球。
3.雙手置於胸前，掌心向前。	3.從窗戶來透視來球。	3.傳球給隊友。
4.延展十隻手指頭。	4.接球時，抓住球的上半部。	
5.保持頭部穩固，注視來球。	5.用指尖來接球。	

接胸部和頭部高球練習一　W狀的接球暖身

在胸前用雙手來抓住球。朝著地面用力的彈球至腰際，用手以W的位置來接球。重複五十次，每一次成功的接球和抱球得1分。

1. 增加難度
   - 當在場區內快速行進時，試著去對地彈球和接球。
2. 降低難度
   - 比較溫和地對地彈球。

成功的檢查點
- 運用指尖來接球。
- 大拇指保持在球的後方。
- 雙手向後縮來緩衝撞擊。

操作成功的給分
0～39分＝1分
40～44分＝3分
45～50分＝5分
你的總分：＿＿＿＿＿＿

接胸部和頭部高球練習二　傳和接

兩個守門員A和B面對面間隔8碼，守門員A將球拋至守門員B頭部的右邊或左邊，守門員B運用指尖和雙手在球的上半部接球。守門員B將球傳給守門員A，守門員A以同樣的方式來接球。重複四十次，每一次的成功接球和抱球得1分。

1. 增加難度
   - 加快供球速率。
   - 在側向併步移位時來操作練習。
2. 降低難度
   - 縮短守門員之間的距離。

- 溫和的供球。

成功的檢查點
- 保持頭部穩固，注意來球。
- 雙手、眼睛和頭部對準來球。
- 雙手放在W的位置。
- 運用指尖來接球。
- 雙手放在球的上半部位。

操作成功的給分
0～35分＝0分
36～39分＝1分
40分＝3分
你的總分：＿＿＿＿＿＿

接胸部和頭部高球練習三　接胸部高度和頭部高度的射門球

守門員站在球門區，一位供球者面對守門員站在罰球區的頂端。供球者朝著守門員拋出一個胸部高度或是頭部高度的球。守門員擺出正確的姿勢（雙手呈W狀，前臂平行，手肘微微內縮），守門員立即回球給供球者，並且就位來

接另外一個頭部高度的來球。持續重複六十次練習，每一次成功的使用正確方式接球得1分。

1.增加難度
- 增加供球速率。
- 增加重複次數。

2.降低難度
- 減少重複次數。
- 縮短供球距離，並減低供球速率。

- 面向供球者。

- 雙手置於胸前，掌心向前。
- 手指朝球的方向延展。
- 曲肘，雙手呈W狀。
- 注視著窗戶來迎球。
- 運用手指來接球。
- 雙手置於球的上半部。

0～49分 = 1分

50～54分 = 3分

55～60分 = 5分

你的總分：＿＿＿＿

接高球和側向高球

所謂高球是任何在球門區且高於頭部位置的球。側向球就是指從場區的側面傳到球門區。對於守門員來說，高球和側向球都是一項困難的挑戰。有些情況下你必須去接高飛球，之後去控球。同時，你也要避開對手嘗試著頂球入門的挑戰。

常態的比賽中，守門員必須要試著去接住高球或側向的球，而不是將球觸擊至球門外（改變球的行進方向或是拍擊至球門上方）。也就是說，當守門員沒有信心去守住球的時候，可能是因為潮濕或是風向的因素。所以，可以運用下一步（接不到的高球）我們要討論的替代技巧。在準備接高球或側向球的時候，肩膀擺正，面對來球。在向前移位

迎球時，必須瞬間判斷來球的拋物線。向球奔跑的路徑，必須在你實際的接球點前面的2碼之處停下來，在那一點，你開始向上的動作。假如你必須要接一個高球，那就運用單腳的起跳來產生最大的向上動量。跳躍的技巧和籃球的上籃動作很類似。運用雙臂過頂的向球延伸，盡可能在來球的最高點來接球。

運用正確的腳起跳是很重要的。要去接一個側向的高球時（圖6.8），向球的方向移動，向上延伸你的雙臂和外腿（朝著場區的腿）。膝部朝著來球方向，整體動作必須流暢、一氣呵成。肩膀和臀部對準來球，內腿（靠近球門的腿）保持挺直，扮演著支撐腿。雙手向上呈W狀，雙眼注視著球，一直到球入手為止，然後再朝著胸部抱住球。

圖6.8　接高球和側向高球

準備層面
1.肩膀對準來球。
2.朝著球移位。
3.保持頭部穩固，注視球體。

執行層面
1.運用單腿起跳。
2.雙臂和外腿同時向上延展。
3.雙臂向上延伸，保持雙手呈W狀。
4.運用手指和手掌在球的最高點來接球。

跟進層面
1.雙臂和雙手下擺。
2.護球至胸前。
3.身體回復到地面。
4.傳球給隊友。

錯誤的步驟

對手在守門員面前頂球入網。

修正方法

向球的方向移動,提早起跳,並且在起跳的最高點接球。雙臂和起跳腳同時向上延展,一氣呵成。

接高球和側向球練習一　高球技巧練習

在場區內一面慢跑、一面自拋一個高球。運用單腳起跳,在你跳躍的最高點來接球。拋接高球四十次,然後左右腿交換起跳。每次以正確的方式,成功的接高球得1分。

1.增加難度

• 和對手爭奪高球。

2.降低難度

• 單純練習單腳起跳的動作,而不去接球。

• 雙腳在地面接球。

成功的檢查點

• 肩膀和臀部對準來球。

• 雙臂和腿同時向上延展。

• 雙手保持W狀。

• 在起跳的最高點接球。

操作成功的給分

24或24分以下＝1分

25～34分＝2分

35～39分＝3分

40分＝5分

你的總分:＿＿＿＿＿

接高球和側向球練習二　不同角度的高球練習

放置三個三角錐呈一個三角形,間隔10碼的距離。守門員站在三角形的頂點,供球者站在三角形底邊前面10碼處,面向守門員。供球者拋出一高球,落在靠近三角形底邊的一個三角錐。守門員向前移動,盡可能在最高點接球,然後回球給供球者。守門員迅速的向後跑回原來的起點,朝著另一邊重複的練習。守門員必須接三十個高球,每一個底線的三角錐各試一次。運用正確的技巧,來成功的接高球得1分。

1.增加難度

• 加入一位對手來和守門員爭球。

• 增加供球速率。

2.降低難度

• 練習跳躍動作,但腳不離地。

成功的檢查點

• 運用單腳起跳。

• 雙臂和外腿同時向上延展。

• 保持內腿挺直。

• 雙臂延展,雙手呈W狀。

• 在起跳的最高點,運用手指和手掌

接球。

17或17分以下＝1分

18～23分＝2分

24～27分＝3分

28～30分＝5分

你的總分：＿＿＿＿

接高球和側向球練習三　高球的反覆訓練

在場區內，四位供球者他們在中圈的外圍等距離的散開，守門員就站在中圈內。每一位供球者輪流拋出高球，落在靠近中圈內的地點。守門員朝著球的方向移動，肩膀和臀部對準來球。運用正確的起跳腳跳起，盡可能在最高點來接球。連續操作四十次的供球，守門員則交替的運用左腿或右腿起跳。每一次以正確的技巧接球得1分。

1.增加難度

• 增加重複次數。

• 兩位守門員站在中圈內，來爭奪高球。

2.降低難度

• 減少重複次數。

• 守門員不必離地跳起接球。

成功的檢查點

• 運用單腿起跳。

• 起跳腿的膝部朝向球體。

• 延展雙臂和雙手在頭頂上。

• 舉起雙手呈W狀。

操作成功的給分

21或21分以下＝1分

22～29分＝2分

30～35分＝3分

36～40分＝5分

你的總分：＿＿＿＿

接高球和側向球練習四　接側向球

設定兩個相對的球門，一個球門在場區的底線，另一個球門在罰球區的頂端。兩位供球者，一位在側面介於罰球區邊緣和球門線之間。守門員A和B進入目標位置，來擔任每一次的守門。守門員A把球滾向側面的一位球員，讓側面的球員在控球之後將球側向傳給守門員B。守門員B儘量於最高點接到球後，傳給在球場另外一端的側面球員。那名球員在控球後，側向傳球給在球門的守門員A，他接到球之後，再去分配球給下一位球員。整個練習持續到每位守門員他們都接了四十次側向來球，二十次各來自左右不同的方向。運用正確技巧，成功接住側向高球得1分。

單元六　守門

1.增加難度
• 在球門區配置一位攻擊球員，來和守門員爭奪側向高球。

2.降低難度
• 側面球員輕柔的將球傳給守門員。

• 身體面對來球。
• 身體朝球的方向移動，並逐漸的產生向上的動作。
• 雙臂和外腿同時向前上方延展。

• 雙臂和雙手向來球延展。
• 在起跳最高點，用手指和手掌來接球。
• 雙臂和雙手向後收縮。
• 運用胸部來護球。

0～28分＝1分

29～34分＝3分

35～40分＝5分

你的總分：＿＿＿＿＿

接高球和側向球練習五　比賽情境：控制球門區域

比賽場區70碼寬、80碼長，中間用中線來區隔兩個相同的半場，在兩端的底線設置兩個球門。在兩邊的邊線內緣數碼的位置，放置呈一直線的標記，當作側方球員的路線。組織兩個球隊，各有七位場上球員加上一位守門員，穿著不同顏色的背心來辨認隊友。每一隊伍派一位球員在側方的路線上，三位球員扮演進攻者的角色，站在對手的半場區內。兩位防守球員在自己的半場，守門員站在各自的球門，擔任供球的工作。守門員A首先開始，將球拋給在其中一個位於側方路線的隊友，他的隊友立刻帶球向前進入對手的球門區。位於半場的三位隊友就嘗試著完成側向的接高球動作，同時在另一個半場的兩位對手，嘗試著去化解射門得分的機會。每當守門員B救球成功或是射門得分，守門員就將球分給在場區另外一端的側

方路線的隊友。整個比賽繼續朝著對方的球門進行。假如守門員沒有化解側向高球，就被認為是一個活球，進攻隊伍就可以試著去完成它。比賽時間20分鐘，守門員的隊伍容許較少的射門得分，就贏得比賽。

1.增加難度
• 配置一位進攻球員在球門區的6碼內，來和守門員爭奪每個側向高球。

2.降低難度
• 不允許對手來挑戰守門員的側向高球。

• 身體對準來球。
• 朝著來球向前移動，並且開始朝上的動作。
• 雙臂和外腿同時向上延展。
• 朝著來球延展雙臂和雙手。

- 在起跳的最高點，運用手指和手掌來接球。
- 雙臂和雙手向後收縮。
- 用胸部來護球。
- 分球給隊友。

接不到的高飛球

　　面對進入球門區域的高球或是側向來球，守門員的任務應該嘗試著去接住球，而不是僅僅去化解對方射門得分的機會。然而，守門員往往在判斷來球的飛行拋物線時產生困難，譬如：球門前的香蕉球，或是惡劣氣候下，或是對手球員會試著去爭奪球造成守門員接球失誤。假如你對自己的接球能力遲疑的話，建議最好是首先安全的接球，當然這個決策你必須在很短的時間就要下定論，不適當的決策到頭來會導致守門失誤。

　　通常來說，下列的情況發生時你應該是先化解對方得分的機會，而不是嘗試著去接球：

1. 球門前球員非常擁擠，守門員對於來球沒有清晰的視線。
2. 很多情況下，守門員會和對手在爭球時衝撞在一起的可能性很大。
3. 當你跳起接球時，被對手衝撞失去了平衡。
4. 因為氣候的變遷，下雨、下雪或冰雹，而造成控球的掌握困難。
5. 腳步的移位不佳，而且不能夠確定你可以到達球位。

　　一旦你作出決策，就有兩個選項來化解來球的危機，運用單手或雙手阻擋來球，你運用的技巧選項要視下列情況而定：來球的角度、守門員和球與對手的位置關係，以及阻擋來球的信心指數。

雙拳阻擋來球技巧

　　運用雙拳阻擋來球，你的肩膀必須對準來球，而且直接朝著來球方向移動，主要的目標是要讓球遠離球門區，朝著比較沒有得分危險的區域前進，你阻擋球的方式可以是向高處、遠處或側向，朝著場區的側方移動。阻擋球向上可以讓隊友有足夠的時間，來準備應對的動作。阻擋球越遠越好，如此就降低了對手空中截球的可能性。阻擋球到場區的側方，可以化解在球門前和中心立即得分的危機。

　　執行雙拳擋球技巧時（圖6.9），握緊雙拳指節向前，大拇指在上，雙手置於體側、手腕穩固，雙臂緊緊靠著體側，雙肘彎曲大約90度。迎接來球時，雙臂向前延展運用短的、扎實、強有力的動作，保持手腕穩固，雙拳靠攏來觸擊球體下緣的平行中線上，盡可能在最高點來擋球。

圖6.9　雙拳擋球

(a)

(b)

(c)

準備層面
1.肩膀和臀部對準來球。
2.手腕穩固，握緊雙拳並緊靠在一起。
3.手肘彎曲緊緊置於體側。

執行層面
1.運用雙臂簡潔有力的動作，向球延展。
2.保持雙拳緊靠一起，手腕穩固。
3.觸擊來球的下緣平行中線。
4.觸擊來球的最高點。

跟進層面
1.身體朝著你想要球的運行方向去跟進。
2.阻擋射門球朝向上、向遠處或側向前進。

錯誤的步驟
化解射門球的擋球，缺乏高度和遠度。

修正方法
保持雙臂緊靠在體側，手肘彎曲90度，產生最大動能。迎球時，雙臂和雙拳向前延展。保持手腕的穩固位置，運用短捷有力的雙臂向前延展。

單拳擋球技巧

　　來自球門側方的飛球，對守門員來說是一個不同的挑戰。來球是高速率前進，且並非是直接朝向球門，所以將球繼續的朝著對手的側向移動，就比將球擋回原來的方向容易，在這種情況下，最好是運用單拳擋球的技巧（圖6.10），來將球擋回去。來自對手右側方的來球（你的左邊），最好是運用左手來擋球，將球擋回到對手的左側方

（你的右邊）。反之，來自對手左側方的球，就用你的右手擋回對手的右側方。擋球的動作是瞬間有力的，強有力的向前延展你的雙臂，避免一種環狀的手臂動作，握緊雙拳並保持手腕穩固。

　　當高飛球落在球門前、身體後方的時候，你可以稍微改變單拳的擋球技巧。假如你不能夠及時的向後跑接球，這時候就是用單拳的擋球技巧，將來球擋出橫柱的上方。運用雙腿下蹲的動作，身體稍微側向來球，運用瞬間有力的雙臂向前延展，將球擋出橫柱之外。當來球落在靠近你左肩上方的時候，運用左腿下蹲與用右手來擋球；反之，來球是落在你的右肩上方，就用右腿下蹲和左手來擋球。

錯誤的步驟
守門員失誤將球擋向空中，而且落在球門區內。

修正方法
朝著你身體的側向來擋球，讓球飛行到另一個側邊，擋球的動作必須要扎實有力。

圖6.10　單拳擋球

準備層面
1.對來球作出判斷。
2.握緊雙拳，雙臂置於胸前。
3 保持頭部穩固，注視來球。

執行層面
1.朝著來球移位。
2.雙臂快速向前伸展，將球擋到對手的側向。
3.保持手腕的穩固。

跟進層面
1.將球朝著對手的側向移動，雙手跟進。
2.雙臂向下朝著地面，來化解身體落地的撞擊力量。

對於落在你身後的高飛球，有另外一個運用的方法。大多數時候是比較偏愛運用開掌的技巧（圖6.11），比運用單掌擋球更適當，簡單運用開掌擊球飛越橫柱，通常稱之爲掌擊飛越橫柱。因爲它有助於控球的能力。

執行單掌擋球的動作，首先彎曲遠離來球的那條腿，例如：當準備要阻擋來自你右側方的來球時，就必須先彎曲左腳，向前伸展你的右臂來迎球，然後手向上用力將球擋離橫柱之後，身體轉向落地，雙手和雙臂首先觸地，收縮肩膀，然後身體呈圓形滾動，來緩衝地面的撞擊。

圖6.11　單掌擊球

準備層面	執行層面	跟進層面
1.判斷來球的方向。	1.手臂向上延展並超越身體。	1.身體轉向地面。
2.離球較遠的一隻腳後拉。	2.運用手掌將球向上擊出。	2.觸地時縮肩來滾動。
3.身體轉向球的側方。	3.注視飛越橫柱的球。	

錯誤的步驟

守門員未能將球向上導引，而只是去拍打來球，以致於球落在身後進入球門。

修正方法

你應該使用手掌和手指頭將球向上導引飛越橫柱，而不是去拍打來球。

無法掌控高球練習一　雙拳擋球

　　守門員A、B和C排成一行,間隔6碼。守門員A高跪面對守門員B和C,他們是站著。守門員B雙手持球,站在守門員A和C中間,將球高拋給守門員A,高跪的守門員A運用雙拳的技巧,將球擋高並飛越守門員B的頭頂至守門員C。守門員A重複以上動作十五次,然後三位守門員位置輪替,再重複操作,記錄下所有擋球進入目標的球數。

1.增加難度
- 增加守門員之間距離。
- 加快供球的速率。

2.降低難度
- 縮短守門員之間的距離。

成功的檢查點
- 雙拳緊靠。
- 雙肘緊貼體側。
- 雙臂以簡捷快速的動作向前延展。
- 觸擊來球底部的平行中線。
- 身體朝著你想傳球的方向跟進。

操作成功的給分
0～9次成功的擋球進入目標＝1分

10～13次成功的擋球進入目標＝3分

14或15次成功的擋球進入目標＝5分

你的總分:＿＿＿＿＿

無法掌控高球練習二　單拳擋球

　　守門員A、B和C排成一行,間隔8碼,守門員B站在A和C中間,側身高跪朝著另一位守門員,守門員A將球拋至守門員B頭上約2英尺(61公分)的高度,守門員B繼續將來球擋給守門員C,守門員C接住球之後,再將球回傳給守門員B,守門員B就繼續換另一隻手臂將球擋給守門員A,守門員B完成二十次擋球動作(每一拳頭各十次),三位守門員位置輪替再重複操作,記錄下所有成功擋球次數(提示:供球的準確性很重要)。

1.增加難度
- 擴大守門員之間的距離。
- 運用站立姿勢來擋球。
- 增加重複的次數或加快速率。

2.降低難度
- 縮短守門員之間的距離至5碼。

成功的檢查點
- 手臂簡潔有力的向前延展。
- 保持手腕穩固。
- 觸擊來球底面。
- 身體隨著球的飛行方向跟進。

操作成功的給分
0～10次成功的擋球＝1分

11～15次成功的擋球＝3分

16～20次成功的擋球＝5分

你的總分:＿＿＿＿＿

無法掌控高球練習三　壓力下的雙拳擋球

　　兩隊的守門員（A和B、C和D）參加練習，守門員A和B站在守門員C和D之間，間隔15碼，扮演供球者的角色。每位供球者手持一球，守門員A站在守門員B的正後方1碼處。兩位守門員面向守門員C，守門員C朝著守門員A拋出一個高飛球，守門員A立即大步向前跳起，雙拳擋球飛越守門員B（固定的一個障礙），回球給守門員C。守門員A和B就轉身來面向守門員D，守門員D拋出一個高飛球給守門員B，守門員B向上跳用雙拳擋球飛越守門員A，回球給守門員D。每位守門員重複操作十五次，一直到守門員A和B，他們供球者的位置交換為止。記錄下雙拳成功擋球次數，供球的高度必須要足夠，讓守門員有充分的時間來接近、向上跳躍並擋球。

1.增加難度
• 60秒內盡可能去增加擋球次數。
• 增加第二位爭球的挑戰球員。

2.降低難度
• 刪除中間的守門員。

成功的檢查點
• 緊握雙拳形成一堅實體。
• 保持手腕穩固。
• 雙臂簡捷有力向前延展。
• 觸擊來球下半部。
• 身體朝著目標跟進。

操作成功的給分
0～9次成功的擋球＝1分
10～12次成功的擋球＝3分
13～15次成功的擋球＝5分
你的總分：＿＿＿＿＿

無法掌控高球練習四　基本的掌擊動作

　　三位守門員（A、B和C）站在一直線上間隔5碼，守門員A和C面對面，守門員B站在兩位中間，面向守門員A。守門員A將球高拋至守門員B的右肩高度，守門員B右腳向後退一步，運用左掌擊球將球擊回給守門員C。守門員C接到球後，將球拋高至守門員B的左肩，左腳向後退一步然後用右手將球傳給守門員A。守門員B運用每一隻手供球五次，然後再換手。每一次成功的掌擊動作得1分，供球必須要準確且有足夠的高度，讓守門員有足夠的時間向上跳來執行掌擊的動作。

1.增加難度
• 增加重複次數。
• 增加額外球員來挑戰守門員的球。

2.降低難度
• 短距離輕柔的供球。

成功的檢查點
• 手掌微彎成杯狀。
• 雙手要柔軟，不要有拍擊的聲音。
• 手掌置於來球的下半部。

足球

邁向卓越

- 保持頭部穩固，眼睛注視球體。

操作成功的給分

1～6次成功的掌擊＝1分

7或8次成功的掌擊＝3分

9或10次成功的掌擊＝5分

你的總分：_____

無法掌控高球練習五　擊球飛越球柱

運用半場和一個球門，三位供球員和一位守門員。供球者A和C站在球門區域和底線的交叉處，供球者B面對球門，站在球門前10碼處、每一位供球員手持兩到三個球，供球員A拋出一個橫柱高度的高飛球，守門員運用單掌將球擋離球門。守門員在面對供球員C時，供球者高拋以同樣模式供球，守門員就使用另一隻手將球掌擊離開球門，然後轉向供球員B，供球員B拋出一個在守門員後方靠近橫柱的高飛球。守門員必須向後退一步，並且成功的擊球飛越橫柱。持續的練習直到守門員成功完成每一供球員各十次的供球（總共三十次）。

1.增加難度

- 增加重複次數。

- 增加額外球員來挑戰守門員的球。

2.降低難度

- 縮短供球距離和供球質量。

- 減少重複次數。

成功的檢查點

- 向後退一步來開始動作。

- 保持頭部穩固與注視來球。

- 手掌彎曲呈杯狀。

- 雙手放鬆沒有拍擊的聲音。

- 手掌置於來球的下半部。

- 眼睛注視來球，直到飛越橫柱為止。

操作成功的給分

15～20次成功的飛越橫柱＝1分

21～25次成功的飛越橫柱＝3分

26～30次成功的飛越橫柱＝5分

你的總分：_____

魚躍救球

魚躍救球（圖6.12）可能是所有守門技巧之中最炫的動作，它是運用在面對快速的來球，雙腳迅速離地，身體側向地飛向空中來救球。剛開始跨步向前朝著魚躍的方向，雙腳用力蹬地將身體拋向空中來產生魚躍的動作。舉例說明：側向跨步，運用右腳蹬地魚躍至右邊，另外一隻腿和手臂跟進，朝著魚躍的方向產生更大的動量，同時朝著來球延展雙臂，雙手置於體側成W狀。運用手指和手掌來接球，雙手的下緣置於球後，手肘置於體側向後縮，運用身體的

側面著地而不是腹部。

　　球門前的反彈球通常是造成得分的契機，所以守門員如果沒有把握能夠抓住來球，建議運用下列基本守門規則：在猶豫不定的情況下，首先要去化解射門危機，而不要試著去接球，運用掌擊的技巧將來球擊離門柱，保持手腕的穩固與手部微微向上，觸擊來球的下半部。

錯誤的步驟
魚躍出去腹部著地。

修正方法
用體側來著地能夠保護下背部，避開對手衝撞，而且能夠運用手、眼、頭原則來接球。

圖6.12　魚躍救球

準備層面
1.準備姿勢。
2.朝著魚躍的方向，較接近來球的腳跨步向前。

執行層面
1.身體朝著來球彈出。
2.另一隻手臂和腿朝著魚躍的方向跟進。
3.朝著來球延展雙臂和手。
4.雙手成W狀。
5.運用手指和手掌來接球。

(c)

跟進層面
1.身體落地。
2.球體先觸地,接著是前手臂、肩膀、臀部,最後才是腿部。
3.恢復站立狀態,再去分球。

魚躍救球練習一　基本的魚躍技巧

　　雙膝高跪,一個球擺在正前方的中間,身體側身倒地之時將固定在地面上的球撲走,重要的是正確的魚躍動作,當側身倒地的時候,一隻手要放置球後方,另一隻手放置球上方,再將球撲離地面,每一邊重複十次。

1.增加難度
- 球的位置離魚躍者遠一點。
- 增加重複次數。
- 加快重複速率。
- 以緩慢的速度來撲滾地球。

2.降低難度
- 減少重複次數。

成功的檢查點
- 下臂的手肘內縮置於體側。
- 運用體側和臀部來倒地。
- 運用一隻手在球的上方,另一隻手在球的後方來撲球。

操作成功的給分
14或14次以下正確的魚躍撲球模式＝1分
15～18次正確的魚躍撲球模式＝2分
19或20次正確的魚躍撲球模式＝3分
你的總分:＿＿＿＿

魚躍救球練習二　救滾地球

　　守門員站在球門前面對8碼外的供球者,供球者的滾地球離守門員側面3～4碼位置。守門員運用側身魚躍來救球,將球回傳給供球者。在另一邊重複此項練習。每一邊操作十次魚躍救球,也可以稍作變化,就是供球者拋球的高度在腰部位置。(提示:建議在柔軟的地面來練習)。

1.增加難度
- 加快供球速率。
- 加快重複速度。
- 增加重複次數。

2.降低難度
- 操作此練習時,運用靜止不動的供球方式。

- 身體側向與腳部靠近來球。

- 朝著球的方向魚躍。
- 手臂和雙手向前延展。
- 運用身體的側面觸地。
- 將球撲向地面。

0～14次成功的魚躍救球＝1分
15～17次成功的魚躍救球＝3分
18～20次成功的魚躍救球＝5分
你的總分:＿＿＿＿

魚躍救球練習三　側向併步救球

　　守門員以半蹲姿勢面對8碼前面的供球者,供球者拋出守門員側面胸部高度3～4碼的球,守門員向前跨步,身體魚躍去接球,來球應該首先觸地,接著才是前手臂、肩膀、臀部和腿部。接到球之後,守門員應該迅速起身並回球給供球者。重複操作另一邊的魚躍救球,以最大速度操作這項練習30秒,休息30秒後再重複練習。

1.增加難度
- 在守門員的身旁放置障礙物(球、三角錐、小柵欄),守門員必須要魚躍來救球。

2.降低難度
- 縮短魚躍距離。

- 側身跨步朝著來球。
- 手臂和腿向前延展。
- 雙臂和雙手向前延展。
- 雙手置於體側成W狀。
- 運用手指和手掌來接球。

救球失敗＝3分
救球成功＝5分
你的總分:＿＿＿＿

魚躍救球練習四　守門員的戰爭

　　場內設置兩個球門,間隔20碼。每一個球門有一位守門員,其中一位守門員持球,兩位守門員嘗試來得分。射門的守門員在射門前可以向前跑三步,防守的守門員也可以向前來壓縮射門的角度。魚躍救球成功若球末落地得2分,若救球成功但沒抱住球得1分。一直練習到預先設定的得分或是時間的限

制。

1.增加難度
- 縮短射門距離。

2.降低難度
- 擴大射門距離。
- 縮短球門寬度。

- 正確準備姿勢。
- 向前移動壓縮射門角度。
- 朝著來球開始魚躍。

- 朝著來球延展雙臂和雙手。
- 運用手指和手掌接球。
- 球首先觸地，接著是前臂、肩膀、臀部和腿部。
- 假如沒有把握接住球時，將球擊出球門外。

輸的守門員＝1分
贏的守門員＝3分
你的總分：＿＿＿＿＿

魚躍救球練習五　擊出球門外

守門員採用半蹲的姿勢，供球員雙手各拿一個球，掌心向前朝著守門員大約在2～3碼處。第三位球員的工作就是不斷的把球給供球員，供球員拋出一個大約2～3碼胸部高度的球至守門員的身體側方，守門員必須儘快作出反應，運用手掌來將球擊出場外。每當守門員回復到站立的姿勢，供球員就重複同樣動作供球到另一方向。重複的供球給守門員右邊和左邊大約30～40秒，休息後再重複操作。重點是守門員必須迅速地朝著來球，爆發性的魚躍救球。供球必須是在守門員無法站立觸球的落點，守門員應該張開手掌將球擊出，遠離供球者。

1.增加難度
- 在守門員的身旁放置障礙物（球、三角錐、小柵欄），守門員必須魚躍來救球。

2.降低難度
- 縮短魚躍距離。

- 側身跨步朝著來球。
- 手臂和腿向前延展。
- 雙臂和雙手向前延展。
- 手掌張開，將球擊出遠離供球者。

擊球失敗＝3分
擊球成功＝5分
你的總分：＿＿＿＿＿

運用場區的一邊練習。守門員位於球門位置，面向前面中央10碼外的射門者。一位供球員站在大約距離底線8碼處，準備十至十二個球。開始練習時，供球員拋球給射門者，射門者第一次運用空中截球來射門，守門員必須在第一時間內作出反應，抱住球或是將球擊出球門外，持續十次的練習，休息後再重複練習。

在每一次救球之後，守門員必須要迅速地回復到原來姿勢，並準備下一個魚躍的動作，守門員應盡可能抱住球，如果無法抱住球應想辦法將球擊出球門外。供球員可稍微變化供球方式，傳給射門者滾地球，讓守門員有不同的視野及反應，守門員可用頂球，也可用空中擊球。

1.增加難度

- 在守門員的身旁放置障礙物（球、三角錐、小柵欄），守門員必須魚躍來救球。

2.降低難度

- 減少重複次數。

成功的檢查點

- 側身跨步朝著來球。
- 手臂和腿向前延展。
- 雙臂和雙手向前延展。
- 手掌張開將球擊出球門外。

操作成功的給分

10次以內5～7次成功的救球＝3分

8次以上成功的救球＝5分

你的總分：＿＿＿＿＿

罰踢救球（12碼球）

罰踢對守門員來說，是一對一考驗。球放置球門前中央12碼處，只有指定的踢球員和守門員可以進入罰球區域內，一直到球離開了罰球弧圈，其他球員才可以進入罰球區。守門員必須雙腳站在球門線上，在球踢出前可以沿著球門線側向移位，直到活球的情況下，守門員才可以向前移位。

在防守12碼球時，並沒有所謂一致認同的守備方法，預判射門者的行進方向僅僅是整個守備動作的一部分。有些守門員偏愛注視小細節，此能夠顯示踢球者的動向。譬如說：踢球者接近球時臀部的位置。有些守門員可能只選擇單向的射門，並且朝著此方向救球，也期盼踢球者是朝著此方向來起腳。經由練習和經驗的學習，守門員就可以學習到，到底哪種方法是最合適。

救球的準備姿勢和基本的準備姿勢是類似的，雙腳站立在球門線上，身體微微向前，身體重量均勻分配在前腳掌上。身為一位指定的罰踢球員，踢球時體位側向並與罰球線平行，稍微向前來壓縮射門角度。假如守門員沒辦法抱住

足球

邁向卓越

球，最好是將球擊出球門外，無論如何必須要避免在球門前的反彈球，因為罰踢球員是可以在守門員未能抱住球而造成的反彈球時繼續射門。

罰踢救球成功機率的極大化，是守門員必須有高度的警覺性。在罰踢球員踢球之前身體的動作所提供的訊息，往往是守門員守備的重要參考。下列所提供的訊息（以右腳的罰踢球員為主），可以幫忙解讀射門者的意圖。

1. **前進的角度**，罰踢球員以大角度前進踢球，大部分瞄準守門員的左側。從他前進的角度，要將球踢向球門的右角是不可能的。如果罰踢球員從球的正後方前進，大部分會朝著守門員的右側踢球。
2. **踢球腳的位置**，當罰踢球員運用腳背內側來踢球時，大部分是要將球踢向守門員的左側。假如是運用整個腳背

來踢球，並且踢球腳是向下、向內延展，在這種情況下大部分將球踢向守門員右側。
3. **肩膀和腿部的位置**，球員在球場上踢球的位置是一個很明顯的判讀訊號。大多數情況下，罰踢球員在觸球時，肩膀和臀部是對準著目標（球門區域），此種狀況下守門員必須要能夠作出最後的決定和調整。

在罰踢情境下，成功的救球可以改變一個球隊的氣勢，甚至可以決定比賽的結果。期盼、運動精神、技巧和運氣成分，四個因素的組合和互動可以決定守門員在防守罰踢時的成功或失敗。正如守門員其他的守備技巧一樣，成功的罰踢救球能力，透過反覆的練習就能夠有所改善。因此很重要的要有足夠的練習時間，也就是所謂的熟能生巧，球技才能蒸蒸日上。

配球

一位守門員不僅僅是一位射門的阻擋者，一旦成功的救球之後，必須要很快地發動自己球隊的攻勢，並且準確地配球給自己隊友。可以運用滾地球、拋擲球或踢球的方式來進行。滾地球通常是在隊友沒有對手的立即壓力情況下，將球傳給鄰近的隊友。運用拋擲球一般是在較遠距離的情況下操作，通常是傳給位於中場附近的隊友，或者是球門線側方區域的隊友。踢球最適當的時機是

要迅速的將球傳到對手的半場展開攻勢，大部分的情況下運用踢球的配球方式，準確性較差，但遠距離是其優勢。

滾地球

滾地球是在距離短的情況下，準確配球最有效的方法。守門員在成功的抱住球後，前腳朝著目標踏出一大步，以保齡球的動作將球擲出（圖6.13）。拋球時，球儘量接近地面避免造成彈跳。

錯誤的步驟

球朝著目標彈跳。

修正方法

以平順的動作將球傳出，儘量貼近地面。

圖6.13　滾地球

(a)

準備層面

1.肩膀對準來球。

2.雙手抱住球。

3.選擇配球目標。

(b)

執行層面

1.球置於杯狀的手掌中。

2.手臂和球向後拉。

3.前腿向目標跨一大步。

(c)

跟進層面
1.以保齡球動作擲出滾地球。
2.雙臂朝著目標跟進。
3.回復站立姿勢。

擲球

在較遠距離配球時，可以運用擲球或踢球。擲球的優勢為準確性較佳，並且可迅速出手。運用棒球的投擲方式（圖6.14），將球投擲到25～30碼的距離。用手掌抓住球放置耳朵側後方，前腳朝著目標向前跨出一大步，並運用四分之三或是所謂肩上投擲動作將球投出，瞬間的扣腕動作能夠讓投擲動作更加速。

圖6.14　肩上擲球

1.面對目標。
2.球握在手掌心。
3.手臂向後延展，置於耳朵側後方。
4.一腳朝目標跨出一大步。

5.運用四分之三肩上投擲動作，朝著目標扣腕。
6.身體朝著目標跟進，動量向前。
7.朝著目標投擲。

運用擲標槍的方式（圖6.15）將球投擲至40碼以上距離，用手握緊球，投擲的手臂向後延展大約在腰部的高度，拱背跨一大步，朝著目標上半身向前奮力一擲。整個投擲動作是沿著向上的拋物線前進，在頭頂上擲出，當然也可在投擲弧線的任何一點來擲球。越快的出手，造成的拋物線就越高。

圖6.15 標槍式投擲

1.球置於手指、掌心和手腕。
2.投擲臂向後拉。
3.引導手朝著目標。
4.上半身向後彎曲。

5.球置於腰際部位。
6.引導腿向前跨出一大步。
7.投擲臂向上擲出拋物線。
8.身體隨著投擲臂跟進，動量向前。

錯誤的步驟
傳球失誤，脫離目標。

修正方法
當你傳球時，引導腿必須向前跨步。使用棒球式的投擲方法。在投擲當下朝著目標扣腕傳出。使用標槍式的投擲方法，引導手臂朝著目標將球投出。跟進動作必須視野朝著目標前進。

錯誤的步驟
缺乏遠度的傳球。

修正方法
當你使用棒球式的投擲方式時，擲球手臂必須要運用完整的跟進動作。使用標槍

式的投擲方法時，必須充分延展你的擲球，並置於耳後側方，並在頭上方將球擲出，朝著目標產生向前動量。

踢球

踢球比起擲球是比較沒有準確性的配球方法，但是在球要迅速推進至對手場區時不失為一個選項。在惡劣氣候情況下，踢球也是一個很好的選擇。運用快速的將球推進到對方的場區，立即化解了失去控球權的風險。踢球技巧最普遍的兩種方法，是空中踢球和拋踢球。

執行空中踢球時（圖6.16），球置於踢球腳相對的手掌心，手臂向前延展大約腰際的部位，引導腳向前跨步，將球拋出，踢球腳直接在空中將球踢出。肩膀和臀部對準來球，運用腳背踢擊球心，要保持踢球腳的完全延展和穩固，運用踢球腿的完全跟進動作，產生踢球的距離和高度。近年來，側面的空中踢擊方法也變得流行，守門員可運用此方法來踢出較低拋物線，而且比起完全空中踢球更準確。

圖6.16　空中踢球

1.保持頭部穩固並注視球體。
2.引導腳向前跨出一大步，持球手立刻拋球。
3.向前擺動踢球腿，運用腳背來踢擊球的下

半部。
4.保持踢球腳的向前延展和穩固。
5.肩膀和臀部對準目標。
6.跟進動作達到腰部以上的高度。

拋踢球是適用於起風的比賽日子，因為球的拋物線比起空中踢球要來得低。較低的拋物線意味著球的飛行途徑，不會受到風勢那麼多的影響。較低

的拋物線，在隊友接球及控球時較容易。拋踢球的力學和完全空中踢球的力學相似，除了球觸地再踢球，而不是直接在空中將球踢出以外，其他都一樣。運用踢球腳相對的手掌來持球，手臂完全向前延展，引導腳向前跨出一大步，同時將球拋出，運用踢球腳的腳背，在球觸地一剎那去踢球，當腳觸擊球的一剎那，肩膀和臀部要對準目標。

圖6.17　拋踢球

1.面對目標。
2.球置於掌心，手臂向前延展。
3.身體向前傾，朝著目標跨步並同時拋球。
4.當球觸地時，運用腳背踢擊球心。

5.保持踢球腳的延展和穩固。
6.肩膀和臀部對準目標。
7.向前動量穿越觸球點。
8.跟進動作到腰際以上的高度。

　錯誤的步驟
拋踢球造成球體偏離至目標左方或右方。

修正方法
當踢球時，肩膀和臀部對準目標，用全腳背踢擊球的垂直中線。

　錯誤的步驟
拋踢球缺乏遠度。

修正方法
當觸擊球時保持踢球腳的穩固，運用完全的跟進動作至腰際以上的高度。

守門員配球練習一　標的練習

　　運用半場練習，四位供球者各拿一個球站在球門前不同的距離。另外三位球員當作標的，分散在球門前不同的位置。守門員站於球門區，供球者輪流踢球到球門區給守門員守備，守門員接到球後，立刻用拋擲的方式，將球分配給其中一位標的，扮演標的之球員也不斷變換其位置。守門員針對各種距離，選擇合適的配球方式：

- 標的距離球門15～20碼時，運用滾地球的傳球方式。
- 標的距離球門21～40碼時，運用肩上傳球的方式。
- 標的距離球門超過40碼時，運用標槍投擲傳球的方式。

　　當標的球員向任何方向移位，未超過三步那麼傳球就算準確。守門員去操作每一種傳球方式各十五次，每一次準確傳球得1分，練習到得45分為止。

1.增加難度

- 界定準確性的傳球，是在標的球員的兩步距離之內。

2.降低難度

- 界定準確性的傳球，是在標的球員的五步距離之內。

成功的檢查點

- 跨步朝著標的。
- 運用適當的傳球技巧。
- 運用完整的跟進動作。

操作成功的給分

0～24分＝0分

25～29分＝1分

30～34分＝3分

35～45分＝5分

你的總分：＿＿＿＿＿

守門員配球練習二　空中截球至中線

　　球員站在罰球區內準備踢球，首先嘗試空中踢球或拋踢球的方式，將球踢至場區的中圈內。每一球直接落在中圈內得2分，以及球落地反彈中圈內得1分。操作二十次的空中踢球和二十次的拋踢球，記錄所有得分。

1.增加難度

- 縮小目標區域的面積。
- 擴大至目標區域的距離。

2.降低難度

- 擴大目標區域的面積。

成功的檢查點

- 肩膀對準目標。
- 持球在大約腰際高度，雙臂向前延展。
- 保持頭部穩固並注視來球。
- 觸擊球體中心。
- 朝著目標跟進。

50～59分＝3分

60～80分＝5分

你的總分：＿＿＿＿

守門員配球練習三　配球迴路

　　四位守門員A、B、C和D分別站在不同位置。守門員A站在罰球區內，守門員B站在靠近罰球區外圍，守門員C站在中圈內，守門員D站在對面的罰球區。守門員A開始運用滾地球配球給守門員B，守門員B接到球後，運用棒球投擲方式傳球給守門員C，守門員C接到球之後，運用標槍投擲方式傳球給守門員D，守門員D運用空中踢球或拋踢球將球傳給守門員A，就完成了整個迴路配球練習。重複此練習五次，一直到每位守門員的位置輪替為止。持續此練習，一直到每位守門員操作五回合的配球技巧，總共二十次的配球練習，成功運用正確的配球技巧得1分。

1.增加難度

• 要求守門員配球給移動的目標。

2.降低難度

• 縮短目標距離。

成功的檢查點

• 朝著目標跨步。

• 運用適當的擲球或踢球技巧。

• 運用完整的跟進動作。

操作成功的給分

14分或低於14分＝1分

15～17分＝2分

18～20分＝3分

你的總分：＿＿＿＿

守門員配球練習四　棒球投擲方式

　　在牆上運用膠帶來界定幾個目標區域，其中一個目標區域在左下角落，另一個在右下角落，還有一個在中間。目標區域的面積是4×4碼正方形。守門員在20碼外的距離，從不同的角度將球傳到球門區內。嘗試著三十次傳球要命中目標，每一次命中目標得1分。

　　選擇傳球技巧必須是強調準確性，然後逐漸嘗試增加出手速率。球員在熟練從中心點傳球之後，可以慢慢拉長距離和變換傳球的角度。

1.增加難度

• 增加傳球的距離。

2.降低難度

• 界定準確的傳球是擊中指定目標的2碼範圍內。

成功的檢查點

• 朝著目標跨步。

- 運用正確的傳球技巧。
- 運用完整的跟進動作。

0～20分＝1分

21～25分＝3分

26～30分＝5分

你的總分：_____

成功的結論

假如你是擔任守門員位置的新球員，你應該要慢慢去練習每一項技巧，一直到你能夠勝任每一個動作爲止。當你建立了自信以後，再去增加訓練強度和速度，重點是你要逐漸進步到更具挑戰性的比賽虛擬情境。

單元六的每一個練習，都有得分的機制來幫助你評估本身動作表現，和記錄下進步情況。在下列表格內記錄下你的每項得分，然後加總你的總分，來評估你的守門技巧的整體精熟度。

接滾地球練習

1. 勺子狀的救球（5分裡面得_____分）
2. 射門者和守門員（5分裡面得_____分）
3. 跪姿救球（5分裡面得_____分）
4. 向前飛躍救球（5分裡面得_____分）
5. 接穿越球（5分裡面得_____分）
6. 守門員的滾地球爭奪（2分裡面得_____分）

接普通高球練習

1. 接普通高球（5分裡面得_____分）

2. 救球、轉身再救球（5分裡面得_____分）
3. 重複訓練（5分裡面得_____分）

接胸部和頭部高球練習

1. W狀的接球暖身（5分裡面得_____分）
2. 傳和接（3分裡面得_____分）
3. 接胸部高度和頭部高度的射門球（5分裡面得_____分）

接高球和側向球練習

1. 高球技巧練習（5分裡面得_____分）
2. 不同角度的高球練習（5分裡面得_____分）
3. 高球的反覆訓練（5分裡面得_____分）
4. 接側向球（5分裡面得_____分）
5. 比賽情境：控制球門區域（3分裡面得_____分）

無法掌控高球練習

1. 雙拳擋球（5分裡面得_____分）
2. 單拳擋球（5分裡面得_____分）
3. 壓力下的雙拳擋球（5分裡面得____

分）

4. 基本的掌擊動作（5分裡面得_____分）

5. 擊球飛越球柱（5分裡面得_____分）

魚躍救球練習

1. 基本的魚躍技巧（3分裡面得_____分）

2. 救滾地球（5分裡面得_____分）

3. 側向併步救球（5分裡面得_____分）

4. 守門員的戰爭（3分裡面得_____分）

5. 擊出球門外（5分裡面得_____分）

6. 快速反應救球（5分裡面得_____分）

守門員配球練習

1. 標的練習（5分裡面得_____分）

2. 空中截球至中線（5分裡面得_____分）

3. 配球迴路（3分裡面得_____分）

4. 棒球投擲方式（5分裡面得_____分）

總分（147分裡面得_____分）

　　總分在120分以上，表示你對於守門技巧的基本動作已非常熟練，而且也準備進入單元七。得分介於100～119分之間也算不錯，但是你仍然必須要去進一步熟練基本技巧，然後再不斷的複習困難的動作，就可以更上一層樓。至於得分在99分以下，就要加把勁來反覆的練習守門的各項技巧，一直到精練的程度之後，再進入單元七。（注解：假如你是一位鋒線球員，就不必去精練守門技巧，你可以自由選擇前進至單元七。）

足球
邁向卓越

單元七 贏得一對一的對抗

　　場足球比賽是一系列瞬息萬變的情境，可能的每一個動作在短短幾秒內就轉移到另一個層次，所以在比賽中，你的決策能力往往就能夠決定你在場上的表現。簡而言之，隨著比賽的演變，球員也要有解讀和評估當下的能力，作出選項並且付諸實現，這就是一般所謂的比賽判斷力，也就是解讀和判斷的能力。從技術層面來說，這樣的能力又稱作策略，也就是在固定的比賽時間和空間，還有比賽壓力下，要能夠一致性的作出決策的能力，所有的頂尖選手和優秀球隊他們都具備高水準的策略能力。

　　根據球員的決策和隨後動作的瞭解，有助於改進你的策略。足球的策略提供決策解決問題，以及隊友之間合作的參考框架，基本上策略可分為三個層次：個人、小組和團隊。個人策略適用於一對一的攻防情境，小組策略則牽涉到兩個以上的組合（一對二、二對二、二對三）等，團隊的策略運用在球隊的運作上，最終的目標是要極大化球隊的整體表現，並且要超越個人球員的能力。

　　為了要改進策略的速度，首先要從最基本的策略單位開始著手，也就是一對一的對抗。雖然足球看似很單純的團隊運動，但是比賽場上的每個情境都牽涉到一對一的對抗、持球球員和防守對手的對抗。經常會聽到教練的說法：「我們因為輸了大多數一對一的對抗，是導致輸球的主因」，這個說法是正確的。這樣和對手之間的迷你戰，到最後往往是決定比賽結果的關鍵。單元七所提供的資訊，將會改進你如何贏得一對一對抗的能力。

個人進攻策略

國際足球並不像美式足球分工那麼　　細膩，有所謂進攻隊及防守隊。所有的

球員包括守門員，在對手持球的情況下都必須要擔任防守任務；反之，己方擁有球權時，就準備去進攻。更重要的，球員都必須具備介於防守者和進攻者之間的角色變換能力。

在我們討論的足球策略中，說到了第一個、第二個和第三個進攻者和第一個、第二個和第三個防守者。當球員握有球權時，第一個進攻者就是個人進攻策略的焦點。當你扮演第一個進攻者角色時，你應該要根據你的決策和隨後的動作，配合下列我們要探討的目標來運作。

擁有球權

很簡單的道理，任何球隊在沒有球權的情況下就無法得分，同樣的對手在沒有球權的情況下也沒有機會得分。所以首要任務就是一旦你擁有球權，就儘量去維護它，運用單元一討論的帶球和護球的技巧，來保護球權，不讓對手從你手中抄球（圖7.1）。

圖7.1　身體的位置介於球和對手之間來護球

轉身朝著球門

擁有球權並非表示得分，防守的隊伍緊盯著你的時候，你並非處在一個突破的帶球狀態下，很可能造成失球的後果。你最好迅速帶球朝向對方的球門，在這個位置上你可以運用帶球、傳球或射門來突破對方防守，然而在你嘗試著轉向帶球時，首先你必須將盯住你的防守球員甩開。

足球存在一個同等重要的傳說：空間等於時間，也就是說你能創造和對手之間更大的空間，你就擁有更多的時間來處理球。如此說來，創造了自己更多的空間和時間，也就造就了一位更優秀的球員。

在對方盯人防守之下，能夠運用身體假動作來擺脫對方的防守，身體的假動作是運用身體和腳部動作的欺敵設計，來造成對手的失衡。一個簡單的肩膀下沉動作或是快步向前的動作，都可能導致對手的前進方向錯誤。瞬間方向和速率的改變，也能夠同時創造你和防守者之間的距離，同時提供一個朝向對手球門的射門機會。譬如，運用腳的內側或外側，將球迅速切傳到右邊或左邊。中途停球和剪刀式的動作，以及爆發性的突破至開放空間，都可以造成甩開對手防守的壓力。

圖7.2　身體的假動作是為自己創造一個空間，方式：(a)中途停球；(b)運用另一隻腳的外側帶球過人

突破防守

當你帶球朝向對手的球門時，應該立刻突破前方防守者的守備，面對防守者並帶球超越他，或是將球傳給防守者背後的隊友。你當下的抉擇，有一部分決定在你當時於球場上的位置。

傳球或帶球來突破前進

當你嘗試著突破對手的守備時，必須考慮在球場上的位置、失去球權的風險，以及你球技的優勢和缺點。

首先在你的防守半場內練習成功的守備，如果在這區域失去了球權代價不菲。當你位在自己的半場時，向前傳球給在前面位置的隊友，比起你自己的帶球前進是更好的突破選擇。即傳球被中斷，你的隊伍仍然有足夠隊友在足球後方，掩護傳球失誤的風險。相反的，在你自己的進攻場區內失去了球權，也是非常要不得的，因為會造成你的隊友已經在球的前方，而且這種情況會給對手一個立即反攻射門的機會。

帶球突破前進最大的優勢是在靠近對方球門三分之一的場區，在這場區內防守的球員通常都成群結隊在一起，壓縮傳球的空間，球員能夠帶球超越對手變成是一個很有價值的進攻資產。同樣的，在這區域帶球失去球權的風險，也可能創造防守者得分的契機。

當嘗試著帶球突破前進時，最好是採取朝著球門最直接的路徑，這動作將會牽制前方防守者的注意，這個策略通常稱為挑戰防守者，因為他逼得防守球員不得不向前去剷球，或是後退來延遲進攻者向前的突破。假如防守者前來剷球，可能提供給我隊隊友一個向前傳球的路徑，或是造成帶球過人創造多數對少數的進攻優勢。一旦你帶球超越防守

155

者繼續加速，繼續朝著球門加速前進，　　　你應該不會超越同一位防守者兩次。

錯誤的步驟

當你嘗試朝向球門攻擊時，被防守者將球踢出場外。

修正方法

在你嘗試著朝向球門時，將你和盯人的防守者隔開。運用身體假動作，加上瞬間的方向和速度變化，來創造射門的空間。

錯誤的步驟

你帶球朝向對方的球門，但是帶球方向錯誤。

修正方法

一旦你已經朝向球門帶球，面對前方防守球員要迅速判斷防守球員的反應，可以把球傳給前方隊友，或是直接帶球超越防守者。

個人進攻練習一　一對一對抗

在10×20碼的場區內一對一和對手對抗，首先持球嘗試著控球，加上瞬間的方向和速度變化來超越對手。練習30秒、休息30秒再重複以上動作，每次能夠擁有球權30秒得1分，不可離開場區來閃避防守者。十回合的進攻者、十回合的防守者練習，然後角色輪換。

1.增加難度

• 增加第二位防守者。

• 縮小比賽場區面積。

2.降低難度

• 每15秒鐘的控球時間得1分。

• 擴大比賽場區面積。

成功的檢查點

• 以身體位置來護球。

• 保持身體位於球和防守者之間。

• 運用瞬間的方向和速度的變化。

• 運用欺敵的身體假動作和腳步移動。

操作成功的給分

0～3分＝1分

4～6分＝3分

7～10分＝5分

你的總分：＿＿＿＿＿＿

個人進攻練習二　轉身帶球前進

組織兩個隊伍（A和B），每隊兩位球員比賽，場區10×20碼，每一隊一位球員扮演目標者，每一位目標者持球站在對方底線，隊友位於場區的中間。目標者A開始將球傳給隊友，隊友轉身將球傳給目標者B，B隊的中間球

員嘗試著阻斷對手運用傳球或帶球的突破，A隊的中間球員成功的轉身面向防守者得1分，進一步擺脫對手的守備，並且準確傳球給目標者B也得1分。目標球員們可以沿著10碼寬的底線自由的移動（側併步），中間球員在接到球時，可以有15秒鐘的時間來轉身，並將球傳給對面的目標球員。每得1分或15秒之後就結束這一回合，然後目標者B將球傳給隊友。每一位中間球員是進攻者，比賽十回合，可能的最高得分20分。

1.增加難度

- 縮小比賽場區的面積，來限制攻擊的空間。

- 只能有10秒鐘的轉身突破至對方底線。

2.降低難度

- 減少比賽回合次數。

成功的檢查點

- 對著來球接球。
- 面對防守球員來控球和護球。
- 創造和防守球員的區隔空間。
- 轉身面向防守球員。
- 挑戰防守球員。

操作成功的給分

進攻者得分0～7分＝1分

進攻者得分8～11分＝3分

進攻者得分12～20分＝5分

你的總分：＿＿＿＿＿＿

個人進攻練習三　一對一進攻球門

　　一對一對抗在20×20碼的場區，放置兩支旗子在靠近場區的中央位置約3碼的間隔為一個球門。首先你擁有控球權，對手是防守者，你的目標是要運用傳球或帶球的方式擊敗對手，前進到任何一邊的球門，成功的射門得1分。當防守球員成功的抄球或是球出界還有射門得分的情況下，雙方就交換控球權。比賽兩個5分鐘，中間稍作休息，得分較高球員贏得比賽。

1.增加進攻者難度

- 縮短球門的寬度至2碼。

2.降低進攻者難度

- 擴大球門的寬度至4碼。

成功的檢查點

- 面對防守者盡力護球。
- 盡可能變化方向帶球前進。
- 運用傳球或帶球挑戰防守者。

操作成功的給分

比賽輸了＝0分

比賽贏了＝3分

你的總分：＿＿＿＿＿＿

個人進攻練習四　迷你球門前一（＋1）對一（＋1）比賽

兩個球員一隊，運用標記來界定一個15碼寬、20碼長的比賽場區，在兩邊底線的中間各設一個4碼寬的球門。每一隊的一位球員站在球門當作目標者，剩下各一位隊友站在場區的中央。一位球員拿著球、另一位球員防守，中間球員展開一對一對抗，當球傳到站在球門對手腳下時得1分。當防守球員抄球成功，立刻轉變為進攻球員，嘗試著在對方的球門得分。中間球員可以將球回傳給在球門區的隊友來減少對手壓迫，也可以接在球門區的隊友回傳的球，站在球門區的球員不可以向前移位來支援隊友。當防守隊員抄球成功，球飛出界外每一次得分，雙方球權轉換。每一回合3分鐘，之後隊友的位置替換，球門區的隊員變成場區的隊友，得分較高的隊員贏得這一回合得1分，首先得5分的隊伍贏得比賽。

1.增加進攻者難度
- 縮短球門寬度至2碼。

2.降低進攻者難度
- 擴大球門寬度至6碼。

成功的檢查點
- 面對防守者來護球。
- 盡可能變換方向帶球。
- 運用傳球或帶球來挑戰防守者。
- 朝著球門突破。

操作成功的給分
輸隊的隊員＝1分
贏隊的隊員＝3分
你的總分：＿＿＿＿＿＿

個人進攻練習五　四個球門比賽

運用標記來界定25×25碼的場區，在兩邊邊線的終點各配置兩支旗子，間隔3碼寬當作球門。組織兩個隊伍，每隊各四人，球員給予一到四號編制，兩隊隊員站在場區兩邊邊線。一開始教練喊出一個號碼（譬如說二號），然後將球踢到場區內，兩隊的二號球員快速跑進場區內展開一對一的對抗，贏得球權的隊員就繼續帶球穿越四個球門之中的任一球門來得分，另一位球員擔任防守的工作，球員的角色在球權替換時也就跟著替換。每一次得分或是球出界時，教練立刻踢出另一個球至場區，同樣的一組球員就繼續來爭球比賽。整個比賽持續1分鐘，一直到教練下指令，替換另一組球員為止。比賽時間15分鐘（每一組三回合），記錄下每一位球員的得分。

1.增加難度
- 增加每回合時間至90秒。
- 增加一位中立防守者加入原來的防守者，來創造一對二的情境。

2.降低難度
- 縮短每回合的時間至30秒。

個人的防守策略

個人的防守策略是運用在防守球員靠近持球對手的時候，這位球員我們稱之為第一位防守者，他是負責在第一線的防守任務，並且能夠立即的造成攻擊點的壓力。當然第一位防守者希望能夠贏得球權，但那並不是主要的目標。第一位防守者的一個重要職責是能夠延遲對手的進攻，並且能夠讓隊友有時間向後退來重組陣式。當然防守者瞬間的決定要化解對方的攻勢，也可能剷球失敗造成己方球隊的劣勢。

頂尖的防守者通常是能夠掌控自己每次的動作和意圖，當然他們也不會魯莽的去挑戰每一次剷球的機會，取而代之他們會分析整個情境，然後在適當的時機才全力的去剷球，因為在足球場上每一次的決定，都會決定你下一步的動作。所以很顯然的球員的每一個決策在一對一的防守情況下，扮演著重要的角色。良好的決策是來自於扎實的個人防守動作的基礎。第一位防守者的角色要贏得一對一對抗時，必須要牢記以下的基本原則。

進入球門邊的位置

要進一步得到球權的第一個步驟，是要採取正確準備姿勢，也就是對手和球門之間的關係。首先要進入球門邊的位置（譬如你在球和球門之間防守，如圖7.3），從球門邊位置，你可以隨時保持對球和對手良好的視野，通常防守者應該站在對手的內側位置，讓對手能夠遠離場區的中央位置，這樣的話可以封住進攻者直接射門的路徑。

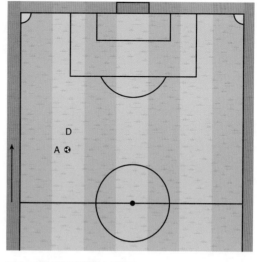

圖7.3　球門邊的位置

單元七　贏得一對一的對抗

選擇一種良好的起始點

當你運用一對一的防守時，到底你和對手之間應該要有多大的距離？面對這樣的抉擇時，必須考慮到一些變數，你必須儘量貼著進攻者，避免進攻者面對著你轉向帶球，但是也不要太貼近進攻者，讓他有機會帶球轉身和擺脫你。

通常，防守球員必須間隔進攻者一到兩步的距離，對球有一個清晰的視野。假如進攻者他要轉身的時候，你可以快步向前去剷球。假如你能夠阻止對手轉身，並迫使對手向後帶球，這樣就完成你的任務，也就是延遲進攻的時間，並給隊友創造防守和組織陣式的機會。

假如你所防守的對手不是持球的情況下，你就必須調整你防守的位置，因為你不再是扮演第一位防守者的角色，在這種情況下，你的起始點應該是能夠讓你在第一時間進入對手前面的傳球空間，並能夠挑戰攔截傳球的機會。通常來說，對手和球之間的距離越遠，你防守的距離就越大（圖7.4）。假如球朝著你所負責盯人的對手傳出，你可以在傳球飛行的瞬間縮短防守的距離去挑戰球權。

防守時對於對手的能力也必須列入考量，通常來說，對手越靠近你的球門，盯人防守的距離就應該越靠近越好。當對手已經進入得分區域時，在他起腳射門前或是向前傳球時，防守者必須要去壓縮他傳球的空間和時間。

最後，當對手具備了優良的敏捷性和速度時，防守者就不應該給他太多空間向前傳球，將你甩到身後。假如對手他有很好的技巧但是動作較緩慢，你就更應該緊迫盯人，在這種情況下，你就更有機會去避免對手球技發揮所需要的空間和時間。

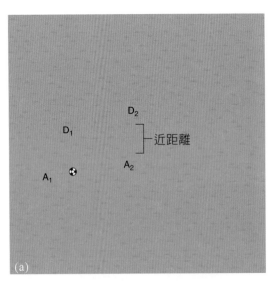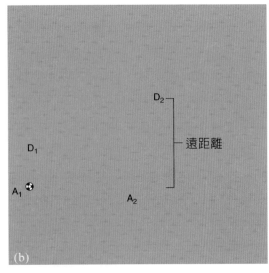

圖7.4　盯人的距離：(a)攻擊者靠近球時；(b)攻擊者遠離球時

足球
邁向卓越

160

壓縮對手空間和時間

當發現進攻者即將接到傳球時，防守者必須快速縮短和對手之間的距離。最理想的情況下是你應該同時或在球到達之前到位，盡可能選擇你前進的角度來限制進攻者的選項。舉例來說：你可以將對手壓縮到沿著邊線的空間，或是迫使他退到有掩護防守者的空間，在所有的情況下防守者必須保持良好的身體控制和平衡。

當你接近進攻者時，放慢你的腳步、縮短你的步幅，身體逐漸的蹲、縮，雙膝微彎（圖7.5）保持低重心的體位，身體重量置於前腳掌，兩腳開立與肩同寬，一腳稍微置於另一腳前方，採取搖擺的姿勢。雙腳在搖擺姿勢情況下，能夠降低對手帶球穿越你胯下的可能性，這樣的帶球動作通常就稱為nutmeg，同時你也可以更迅速在對手瞬間的速度和方向的變換時作出回應。

圖7.5　採取防守姿勢：曲膝、前後腳搖擺站立、注視球

阻止對手轉向帶球

當進攻者帶球轉向朝著你的球門時，他的攻擊選項就大大的增加和提升。最大的危機是，他可以帶球穿越傳到你身後的空間或是帶球過人，此時身為防守者的你，要避免背向球門的對手轉身帶球。盯人的位置可以緊縮但也不要過於緊縮，造成進攻者轉向帶球超越你。當對手嘗試著轉向帶球時，你必須要進入對球清晰的視野，然後準備跨步向前去剷球。

變換位置和拖延對手

除了你認真防守以外，比賽時經常會面對有才華的進攻者，運用高超的帶球技巧轉向過人。這種情況下，你的第一優先選擇是拒絕對手的穿越，嘗試著變換位置或是引導進攻者進入有限的空間。譬如：朝著邊線或是到一個掩護的防守隊員位置，或是迫使他正面傳球或向後傳球。假如你能夠成功拒絕，或至少拖延對手穿越，即使是很短的時間，你的隊友就有更充裕的時間來組織防守的陣式。

剷球

剷球時，總是要保持一個機靈的狀態。當你發覺對手離球較遠時，迅速跨步向前去試著剷球，運用單元一介紹的剷球技巧，去奪回球權繼續進攻。

錯誤的步驟

你到位太遲，造成對手在你面前轉向帶球前進。

修正方法

你必須要保持和對手適當的距離，來阻斷對手轉向帶球需要的空間。

錯誤的步驟

你魯莽的去剷球，造成對手帶球過人的機會。

修正方法

你在一對一對抗的情況下，第一個選擇是要防堵穿越，而不是一定要去贏得球權。站好姿勢、調整好盯人的適當距離，雙腳搖擺、身體重量平均分配在前腳掌上，挑戰球權是在確定你的隊友他們能夠在你身後立即掩護，或是你有絕對的信心能夠成功的完成剷球的動作。

個人防守練習一　底線防守

比賽場區10×30碼，你是防守者站在一邊的底線，對手是進攻者站在對方底線，教練（供球者）開始踢球給進攻者，進攻者控球之後試著帶球過人到你的底線，防守者就迅速跨步向前離開底線來縮短和球之間的距離。成功的剷球和踢球出界得1分，每一回合之後回到各自的起始點，並且在重複操作，防守者比賽二十回合後，角色替換再重複操作。

1.增加防守者難度

• 增加場區的寬度。

2.降低防守者難度

• 縮短場區的寬度至5碼。

<table>
<tr><td colspan="2" align="center">成功的檢查點</td></tr>
</table>

• 快速縮短和進攻者之間的距離。
• 保持身體的控制和平衡。
• 運用搖擺的防守姿勢。
• 阻斷路徑。
• 剷球。

<table>
<tr><td colspan="2" align="center">操作成功的給分</td></tr>
</table>

0～9分＝1分

10～14分＝3分

15～20分＝5分

你的總分：_____

個人防守練習二　阻斷轉向帶球和穿越

六位球員參與這項練習，四位球員在中圈外圍等距離的位置站立，兩位球員站在各自的半場，其中一位球員（供球者）持球，另一位球員（目標者）空

手。一位防守者和一位進攻者是站在中圈內。

練習開始，一位供球者將球傳給進攻者，進攻者立刻轉向帶球傳給在中圈另一半圈的目標球員，防守者迅速的縮短和球的距離，來阻斷對手轉向帶球和穿越。整個練習持續進行，一直到防守者贏得球權，或是進攻者傳球給目標球員為止。之後第二位供球者就將球傳給進攻者，並朝著反方向來重複操作。防守者每一回合阻斷了進攻者的轉向帶球，並成功傳球給目標球員就得1分。練習十回合並記錄下所有的防守者得分，重複的練習，一直到每位球員都完成防守者的角色為止。

1.增加難度

• 擴大場區的面積。

• 配置兩位進攻者在中圈內。

2.降低難度

• 縮小場區的面積。

• 採用球門側面位置。

• 迅速縮短和球之間的距離，來阻斷轉向。

• 保持身體的控制和平衡。

• 運用帶球或傳球，來阻斷穿越。

• 剷球。

0～3分＝1分

4～6分＝2分

7～10分＝3分

你的總分：＿＿＿＿＿

個人防守練習三　　多個迷你球門一對一對抗

比賽場區40×40碼，運用標記來界定六至八個迷你球門，每個球門3碼寬，隨意的放置在整個場區內。將所有隊員分成兩隊人數相同的隊伍，每一位隊員和對手配成一組，來實施一對一對抗。每一組一個球，指定一個進攻隊伍，在教練一聲令下開始比賽，進攻球員可以運用帶球穿越兩邊任何一個球門來得分。進攻者在45秒的限制得分時間以內儘量去取分，進攻者不可以在同一個球門連續的帶球得分，假如防守者成功的抄球，要嘗試著去護球來避免對手的得分。在45秒之後，進攻球員加總他們的射門得分，記錄下球隊的總得分。短暫休息後，兩隊角色互換再繼續比賽，持續一系列45秒鐘比賽，獲得分數較高隊伍就贏得比賽。

1.增加防守球員難度

• 增加球門的面積和數量。

2.降低防守球員難度

• 縮短場區的寬度。

• 縮短球門的面積。

• 保持在球門側面的位置。

- 保持雙膝彎曲，降低身體重心。
- 雙腳處於搖擺位置。
- 給予進攻者立即的壓迫。
- 運用傳球和帶球阻斷穿越。

個人防守練習四　一對一盯人防守

　　每隊三位隊員，分成兩隊，運用標記界定25×40碼的場區。每一底線中間放置4碼寬的球門，每一隊負責防守一個球門，沒有守門員。嚴格要求要一對一盯人防守，採用正規的足球規則，但是沒有越位的規定，因為沒有守門員，所以射門可以從場區的任何一點來射門。盯人則必須要嚴謹，避免對手的遠程射門。在防守隊員成功的抄球，還有球出界或是得分情況下，雙方球員球權交換，得分較高隊伍贏得比賽。

1.增加防守隊員難度

- 擴大場區寬度。
- 每個底線配置三個小球門，提供進攻者更多的得分選項。

2.降低防守隊員難度

- 縮短場區寬度。
- 縮小球門的尺寸。

成功的檢查點

- 保持球門側向的位置。
- 保持屈膝和低重心。
- 雙腳處於搖擺位置。
- 給予帶球的進攻者立即的壓迫。
- 運用傳球或帶球來阻斷穿越。

操作成功的給分

輸的隊伍成員＝1分

贏的隊伍成員＝2分

你的總分：＿＿＿＿＿

成功的結論

　　練習一對一的對抗策略，使之深具挑戰性和趣味性，整個練習是高度的競爭性，並且必須具備良好體能。它可以測試你在類似的比賽情況下，技巧和決策的執行能力。當你已經能夠全盤掌握個人進攻和防守的基本動作以後，可以開始與自己的隊友來實施一對一對抗的錦標賽。每一位球員有2分鐘和其他球員進行一對一的對抗賽，球員記錄下他們一對一比賽的贏與輸，來決定整個錦標賽贏家。教練也可以從旁觀察整個錦標賽的進行，並對於隊員的表現作出分析。

　　在單元七的每一個練習都有評分機制，來幫助你評估自己的表現和進步的情形。記錄下列表格各項得分，並加總

足球
邁向卓越

你的得分，來對你整體的水準做評估。

個人進攻練習

1. 一對一對抗（5分裡面得＿＿＿＿分）
2. 轉身帶球前進（5分裡面得＿＿＿＿分）
3. 一對一進攻球門（3分裡面得＿＿＿＿分）
4. 迷你球門前一（+1）對一（+1）比賽（3分裡面得＿＿＿＿分）
5. 四個球門比賽（3分裡面得＿＿＿＿分）

個人防守練習

1. 底線防守（5分裡面得＿＿＿＿分）
2. 阻斷轉向帶球和穿越（3分裡面得＿＿＿＿分）
3. 多個迷你球門一對一對抗（2分裡面得＿＿＿＿分）
4. 一對一盯人防守（2分裡面得＿＿＿＿分）

總分（31分裡面得＿＿＿＿分）

總分在23分以上，就表示你對於個人進攻和防守策略熟練，也準備好前進至團隊的策略探討。總分在16～22分之間也是不錯的，進一步對個人進攻及防守策略複習和演練後，就可以進入單元八。假如得分在15分以下，就需要更努力的去練習，所以進攻和防守策略的資訊，必須反覆的複習和操作至少一次以上。當你對於操作個人的進攻和防守策略有信心的時候，就可以移至下個單元。

單元八　小組進攻

雖然到目前為止我們所討論到的個人策略，對於要贏得一對一的對抗是很重要的，但是對一個球隊來說，所有的隊員是否努力去完成共同的目標是其成功的關鍵。就像一塊拼圖一樣，每一位隊員必須用正確的組合方式才能夠完成整個藍圖。當一個球隊的球員，他們願意也能夠團結在一起且互相支援，那麼整個球隊的表現就遠遠超過個人表現的總和。重要的是，所有團隊運動的目標，也就是所有的團隊永遠比個別球員來得重要。反之，無論球員的才氣如何高，不能夠團結合作，那麼球隊的表現可能就大打折扣。

團隊進攻策略，通常包括兩個以上的隊員合作來維護球權，穿越對手的守備，並且創造得分機會。單元七深入探討第一位進攻者的角色：運用帶球或傳球突破對手的守備。在多數情況下，第一位進攻者是需要隊友的支援來完成這樣的目標，這就是團隊進攻策略的開始。

團隊進攻包含第一、第二和第三進攻者之間的合作，其主要的目標是要站在進攻隊員靠近球的位置，來創造所謂的以多擊少的情境，並利用這樣的優勢，包括支援進攻、傳切、雙傳、侵略和重疊等策略。

第二位攻擊者主要的任務，是提供持球隊友立即的帶球選項，或者支援。他同時也扮演執行傳切、雙傳和侵略戰術的角色。第三位執行者的任務是提供傳球的選項，通常是對角線的穿越跑，或是重疊式的跑。

成功執行團隊的進攻策略，需要對每一位進攻者角色在特殊情境下有所瞭解，加上球員執行必備球技的能力，足夠的技術水準是策略執行的必備條件。每天的練習是要能夠有效的掌握傳球、接球、帶球和射門的技巧，至於跑步位置、傳球位置與執行特殊的技巧就是次要的。因此，你必須要掌握從單元一至單元五所探討的各項技巧，之後才能進入比賽的策略層面。

支援進攻

教練們經常掛在嘴上，無球的球員必須要比有球的球員更努力。他所強調的是，無球的球員要負責協助有球的球員，創造傳球的選項，這個策略就稱作支援進攻，也就是要創造比防守者更多進攻者的優勢，增加球隊保有球權的可能性。反之，未能提供足夠的支援，會造成第一位進攻者的選項縮減，間接也造成優勢轉移到防守者的情境。當要決定進入支援位置的時間、地點和方法時，必須要考量當下支援球員的數量、支援最有利的角度，以及支援正確的距離。

靠近球的支援隊友太少的情況下，就會限制到第一位進攻者的選項。同樣的，太多支援隊友也可能造成一種劣勢，因為會導致更多的防守隊友集中在這區域內。當靠近球附近的區域太擁擠的情況下，球員在傳球的選項就比較困難去找到適當的空間和時間。最理想的方式是三位進攻球員必須緊靠支援第一位進攻者，一位球員在他的側邊稍微站在球前方來提供寬度，第三位球員站在球後方來提供深度（圖8.1）。

先想像從球畫出來的三條直線，每一條線代表著支援球員，兩位支援球員和球之間形成的角度必須大於90度（圖8.2）。一個防守球員是不可能同時去防守兩位以上距離很遠的支援球員，但是防守球員可以守備位於較小角度（小於90度）的支援球員。

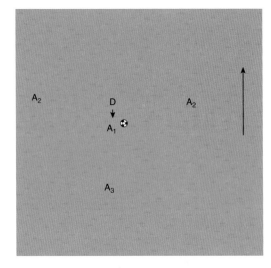

圖8.1 支援進攻。進攻者靠近球，提供持球者傳球選項，A1＝持球者；A2＝進攻支援者；A3＝在球後方支援；D＝防守者

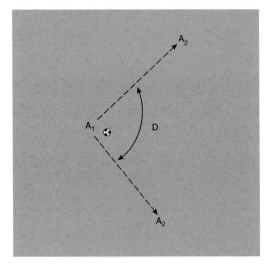

圖8.2 大角度的支援

支援球員到底和球之間的距離，應該多遠？主要是根據防守者在場上的位置而定。通常情況，當第一位進攻者面臨對手挑戰時，這時你就站在距離球

3～4碼之內，這種情況下球員必須要快速的傳球。假如靠近球的空間不是太擁擠，或是防守者並不是在挑戰球權的位置上，你可以將支援的距離延伸到8～10碼。在任何情況下，支援球員必須要保持一個清晰的傳球路徑。

當球越靠近對方球門時，縮短支援的距離。防守的隊伍通常會集結球員在球門前方最危險的得分區域，是爲了能夠縮減進攻者可用的空間和時間。運用較嚴謹的支援策略，進攻隊伍可以修正執行切球、傳球，或抄球策略的成功機會，因而創造射門得分的契機。當來球遠離防守隊伍的球門時，支援的距離也可以向前延伸。

錯誤的步驟
一個防守球員能夠阻斷，兩個以上進攻者的傳球路徑。

修正方法
支援球員應該要站在離球較寬廣的角度（90度以上），來保持傳球路徑的流暢。支援球員絕不可以站在防守者的身後或是在較狹窄的角度，因為會造成防守者阻斷支援球員的傳球路徑。

錯誤的步驟
支援球員未能回應來球時，再調整身體位置。

修正方法
足球是一個流暢性的比賽，球員的支援位置是處於一個流動的狀態。當一位進攻者傳球給另一位進攻者時，支援球員必須因應當時情境調整位置，因此未持球球員實際上必須比持球球員更賣力。

支援進攻練習一　三對一控球權的爭奪

比賽場區12×12碼，一個防守者對抗三位進攻者。進攻者嘗試著帶球遠離防守者，進攻者在場區內的動作不受限制，並且對於傳球和接球的次數也不受限，強調的是正確的支援動作和第二位進攻者的位置。八次以上的連續傳球成功，沒有失去球權得1分，持續5分鐘的比賽。

1.增加進攻者難度
- 縮短場區的面積。
- 限制進攻者的兩次觸擊傳球和接球。
- 增加一位防守者，造成三對二情境。

2.降低進攻者難度
- 擴大場區的面積。
- 增加進攻者造成四對一的情境。

進攻者成功的檢查點
- 以大角度來提供支援。

- 在第一時間內觸球。
- 運用正確配速和準確傳球。
- 帶球時，一再的調整身體位置。

5分鐘內0～3分＝1分

5分鐘內4～6分＝2分
5分鐘內7分以上＝4分
你的總分：＿＿＿＿

支援進攻練習二　二對二（＋4）支援比賽

　　八位球員參賽，運用標記界定一個25×25碼的場區。在場區的四個邊線的中心點各有一位支援球員，其餘的球員分成兩隊，每隊兩位球員。開始時，其中一隊擁有控球權，此練習的目標是要在場區內保有控球權。四位支援球員也加入這個擁有球權的隊伍，造成六對二的情境，也就是攻擊隊伍多出四位球員的優勢。支援球員的動作是有限制的，他們只可以沿著邊線來側向移動，而不能進入到場區內。他們只可以傳和接中間球員傳來的球，不可以傳給其他支援球員，而且傳和接球時限制兩次的觸擊。當防守球員成功的抄球或是球出界，兩隊就交換球權。六次連續的傳球成功，沒有失去球權的情況下就得1分，比賽時間5分鐘，一直到當中間球員和支援球員互換時。

1.增加難度
- 限制支援球員傳球時的一次觸擊。
- 每一隊連續十次的傳球，而沒有失去球權得1分。

2.降低難度
- 允許支援球員之間互相傳球。

- 迅速向前帶球來造成對手失衡。
- 支援球員側向移位，造成更多傳球選項。

5分鐘的比賽得0～3分＝1分
5分鐘的比賽得4～7分＝3分
5分鐘的比賽得8分以上＝5分
你的總分：＿＿＿＿

支援進攻練習三　四對二（＋2）雙格子比賽

　　設置兩個緊鄰且15×15碼的正方形場區，中間間隔5碼。在場A，有四位進攻者和兩位防守者，另兩位球員在場B。場A內的四位進攻者運用彼此間的傳球，嘗試著對抗兩位防守者的守備來保有球權。進攻者傳接球時只能夠三次的觸擊，當進攻者他們完成四次以上的連續傳球，就可以將球傳給場B的兩

足球
邁向卓越

位球員。場A的兩位進攻者就快速的跑向場B，來加入這兩位球員，造成場B的四位球員成對的情形；在場A的兩位防守者也快跑至場B，造成四對二的情況。

當防守者贏得球權，就將球傳給在另一場區的球員。兩位防守者在傳球之後，就跟進到進攻隊伍的場內，形成四位球員的新組合。原來進攻者的另兩位進攻球員也快跑到另一場區，扮演防守者的角色。比賽10分鐘，進攻隊伍每一次完成四次以上的連續傳球，並且進入到另一個場區得1分。

1.增加進攻者難度

- 縮小場區面積至10×10碼。
- 增加第三位防守者，來造成四對三的情況。

- 限制進攻者傳球時，少於兩次的觸擊。

2.降低進攻者難度

- 縮小比賽場區面積。
- 增加額外的進攻者，造成五對二的情況。

進攻者成功的檢查點

- 良好的控球感，來減少防守的壓力。
- 保持和球的大角度，來提供立即的支援。
- 當球的方向改變時，要盡力的快跑至另一場區來支援隊友。

操作成功的給分

進攻者得分4或4分以下＝1分

進攻者得分5～9分＝3分

進攻者得分10分以上＝5分

你的總分：＿＿＿＿＿

支援進攻練習四　三對三（＋2）球權爭奪比賽

運用標記來界定一個25×25碼的比賽場區，組織兩個隊伍，每隊三位球員。指定兩位中立球員來加入擁有球權的隊伍，穿著不同顏色背心來區隔不同隊伍和中立球員。

擁有球權的隊伍開始來嘗試從對手的守備來保有球權，中立球員加入控球的隊伍來造成五對三的情況，也就是進攻隊伍多出兩位球員的優勢。當防守隊員抄球成功，或是進攻隊伍的隊員觸球出界，雙方就交換球權。整個比賽一直持續到進攻和防守角色互換時，也就是

球權互換時，對於傳接球，觸擊的次數沒有限制。

八次連續的傳球而沒有失去球權得1分，得分較高的隊伍獲勝。支援球員運用快速的帶球動作，以及適當的位置前進。

1.增加進攻者難度

- 縮小比賽場區至20×20碼。
- 增加中立球員，造成五對四的情況。
- 限制進攻者傳接球時，兩次以下的觸擊。

2. 降低進攻者難度
- 擴大比賽場區至30×30碼。
- 增加額外進攻者，造成六對三的情況。

- 保持良好的球感，來減低防守的壓力。
- 對球保持大角度的位置，來提供立即的支援。
- 當球轉變方向時，快速朝著對面場區奔跑支援隊友。
- 快速帶球來改變進攻點。

輸隊的成員＝2分
贏隊的成員＝5分
你的總分：＿＿＿＿＿＿

傳－切（人牆）傳球

造成人數優勢最基本的情況，是兩位進攻者對一位防守者。傳－切傳球（圖8.3）是在二對一的情境下，一種最有效的突破超越防守者的方法。

傳－切的概念很簡單，持球者（第一位進攻者）朝著球門帶球，造成鄰近的防守者後退防守，或是挑戰第一位進攻者。當防守者靠近準備剷球時，進攻者迅速將球傳給鄰近的隊友（第二位進攻者或人牆），並迅速的向前跑至防守者後方的空間，準備迎接隊友的回傳球。

傳－切的傳球要能夠傳接順暢，兩位的進攻隊友必須要能夠完成他們的責任，並且能夠攜手合作。正確的傳球時間差和移位是成功的基本要素，持球的球員（第一位進攻者）必須開始發動攻勢，按照下列步驟來操作：

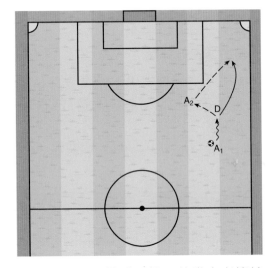

圖8.3 傳－切傳球：第一位進攻者傳給第二位進攻者，然後快速向前跑到開放的空間來迎接回傳球

作是為了凍結防守者而設計。

2. **挑戰防守者**。直接帶球朝著你的防守球員。

3. **在適當時機傳球**。當防守者近身剷球時，運用腳背外側，將球傳給切入隊友的引導腳。

4. **奮力向前**。傳球之後，向前快跑至防

1. **面對防守者**。帶球直接面向鄰近防守者，去創造潛在的傳－切情境，這動

守者身後的空間。

5. **接回傳球**。從切入隊友腳下，接回傳球。

當第一位進攻者挑戰防守者時，切入球員（支援進攻者）必須依照順序執行下列步驟：

1. **迅速向前移位至前面的位置**。而且必須是在第一位進攻者側方，大約在防守球員側方3～4碼處，和球保持大約45角度。

2. **進入球的側向位置**。採用開放性的站姿，身體側向第一位進攻者，運用引導腳來控制傳球方向。

3. **控制傳球方向**。調整引導腳位置，將從第一位進攻者的傳球，控制在防守者後方的空間。

4. **支援傳球**。向前快跑去支援隊友，能夠立即的創造出另一個傳－切的情境。

錯誤的步驟
身為第一位進攻者在防守者尚未對準你時，就將球傳出。

修正方法
直接對準防守者來帶球，當防守者向前跨步剷球時，當下迅速將球傳出。

錯誤的步驟
面對防守者的挑戰時，將球傳給切入的隊友，但是隊友並不能夠將球傳至防守者後方的空間。

修正方法
這個錯誤的產生有兩個原因，第一位切入球員或許距離太遠，球員正確的切入支援距離大約是在防守者側面3～4碼處。距離位置太遠，將允許防守者有足夠時間調整位置來阻斷傳球的路徑。當然在執行傳－切的傳球之時，也可能會中斷，也就是你（第一位進攻者）在防守者尚未近身剷球時，過早的傳球。

兩次傳球

兩次傳球（圖8.4）類似傳－切動作，不同的是，它多了第二次的回傳給原來球員的動作。發動者將球傳到防守者的後方，切入球員對角，穿越跑去接來自第一位進攻者的回傳球，每位球員都有他自己的任務。

第一位進攻者（持球者）主要任務是帶球面對防守者，當防守者逼近時運用外側腳傳球給切入球員，然後快速前進至防守者的後方接回傳球，接到球之後，再將球向前傳至原來的球員，就完成了兩次傳球的練習。

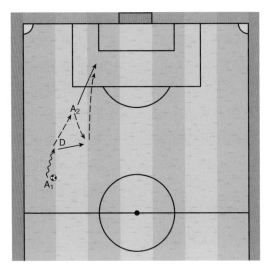

圖8.4 兩次傳球。第一位進攻者傳球給第二位進攻者,然後跑至防守者的後方場區;
第二位進攻者回傳給第一位進攻者之後,朝球的方向前進去接回傳球

支援球員主要任務是進入防守球員側方3～4碼的位置,同時能保持對傳球的清晰路徑。身體的位置在進攻者的側面,當來球時將球朝向防守者的後方空間傳出,然後向前快跑去接來自第一位進攻者的兩次傳球,就完成了所謂的兩次傳球。

錯誤的步驟
兩次傳球的組合失敗。

修正方法
你必須先執行成功的傳－切組合,才能進入兩次傳球的組合。當第二位進攻者在第一次的傳球之後,就向前快跑去接回傳球。

傳－切和兩次傳球練習一　脫離

設定一個虛擬的防守者,兩個人一組,一面在場內跑步、一面執行傳－切,每完成一次傳－切給1分。一開始用半速來練習,漸漸的進展到全速。操作四十次的傳－切,前二十次是扮演第一位進攻者,後二十次是第二位進攻者角色,最高得分20分。

1.增加進攻者難度
 • 增加防守者。
2.降低進攻者難度
 • 練習傳－切動作。

第一位進攻者成功的檢查點
 • 朝著虛擬的防守者帶球。
 • 運用腳外側傳球。

- 快速向前跑至開放空間。

- 進入第一位進攻者側面的位置。
- 將球傳向虛擬的開放空間。
- 向前移位支援傳球。

0～24分＝1分
25～34分＝3分
35～40分＝5分
你的總分：＿＿＿＿＿

傳－切和兩次傳球練習二　在場區內二對一對抗

比賽場區12×12碼，兩個人一組和第三位球員（防守者）對抗，運用帶球、護球和傳球的技巧來保有球權，傳、接球沒有限制。每一次你和隊友完成一次成功的傳－切傳球得2分，每次你和隊友合作完成五次以上的傳球得1分，比賽5分鐘換防守者重複操作。

1.增加進攻者難度
- 縮小場區面積。
- 七次連續的傳球得1分。
- 限制進攻者傳、接球時，三次的觸擊。

2.降低進攻者難度
- 擴大場區面積。
- 三次連續傳球給1分。

進攻者成功的檢查點
- 面對防守者。
- 未持球移位。
- 保持清晰的傳球路線。
- 執行雙人傳球組合。

操作成功的給分
5分鐘比賽0～9分＝1分
5分鐘比賽10～14分＝3分
5分鐘比賽15分以上＝5分
你的總分：＿＿＿＿＿

傳－切和兩次傳球練習三　底線二對一對抗

運用標記來界定15×25碼的場區，你和一位隊友站在場區的底線，第三位球員（防守者）持球站在對面的底線。防守者首先供球給你，然後快速向前移位守備。

你和你的隊友運用帶球過人、傳－切戰術或兩次傳球，嘗試在底線擊敗防守者。你和你的隊友擊敗防守者且突破至底線，你的隊伍得1分。假如防守者贏得球權，球員就回到原來的位置。重複二十次的練習，最高得分20分為上限。

1.增加進攻者難度
- 嘗試著擊敗防守者時，限制進攻隊場區的寬度10碼。

2.降低進攻者難度
- 增加第三位進攻者。

進攻者成功的檢查點

- 以比賽時的速度進攻。
- 面對防守者。
- 身為支援者,位於球前和防守者的側面。

- 運用傳－切或帶球來突破防守者。
- 全速向底線突破前進。

操作成功的給分

0～9分＝1分

10～14分＝3分

15～20分＝5分

你的總分:＿＿＿＿＿

傳－切和兩次傳球練習四　二對一（＋1）轉移比賽

組織兩個隊伍,每隊兩個人。運用標記界定20×25碼場區,每邊的底線置一4碼寬的球門。每一隊要自己防守球門,也要進攻對手的球門,從中圈踢球開始比賽,擁有球權的隊伍踢進對方的球門或成功的執行傳－切球即得分。防守隊伍派一位守門員和一位防守者,當防守者抄球成功、守門員防守成功、進攻隊伍觸球出界或射門成功的情況下球權交換。

當防守者得到球權時,他必須將球傳給守門員,然後快速向前跑加入進攻對方球門的行列。失去球權的隊伍就必須守備,其中一位球員跑回球門當守門員、另一位當防守者。兩位進攻球員的團隊進攻持續進行,加上一位防守球員和一位守門員。隊友輪流當守門員,當隊伍成功完成擊敗防守者傳－切球,得

1分,每次射門成功得1分。比賽15分鐘,記錄所有的得分,得分較高的隊伍贏得比賽。

1.增加進攻者難度
- 縮小球門尺寸。
- 縮小場區寬度。
- 限制球員三次觸擊。

2.降低進攻者難度
- 擴大球門尺寸。

進攻者成功的檢查點

- 迅速的從防守轉移至進攻。
- 面對防守者。
- 執行傳－切球。
- 突破前進至球門。

操作成功的給分

輸的隊伍的隊員＝0分

贏的隊伍的隊員＝2分

你的總分:＿＿＿＿＿

傳－切和兩次傳球練習五　多元的得分選項

組織兩個隊伍,每隊五位球員。

運用標記界定40×50碼場區,在每邊

底線置一4碼寬的球門。每一隊自己防守自己的球門，也可以到對方的球門得分，沒有守門員從場區中圈開踢，除了得分方式，均採用正規的足球規則。隊伍得分方式如下：

- 一次成功的傳－切球得1分。
- 一次成功的兩次傳球得1分。
- 射門成功得2分。

比賽20分鐘，得分較高的隊伍贏得比賽。

1.增加進攻隊伍難度
- 縮小場區的面積，來限制空間、時間。
- 限制球員傳接球觸擊的次數三次以下。
- 縮小球門的寬度。

2.降低進攻隊伍難度
- 擴大球門。

- 對於傳－切傳球機會的判斷和運用。
- 對持球的隊友提供支援。
- 兩次傳球機會的判斷。
- 保持開放的傳球路線。
- 突破前進至球門。

輸隊的隊員＝1分
贏隊的隊員＝3分
你的總分：＿＿＿＿

阻斷

阻斷動作的操作通常用來擺脫盯人的防守者，類似籃球的擋人動作。當對手嘗試著限制你的球權空間和時間，阻斷動作是一個區隔對手的很好方法。

操作阻斷動作時（圖8.5），在你持球的情況下，第一位防守者盯人防守，你側向帶球朝著鄰近的隊友（接球者）移動。當你經過接球者時把球留下，接球者接到球之後繼續朝著反方向前進。在這個球的交換過程中，防守的對手也會跟著球來移動。

這種介於你和隊友的換位動作，能夠創造接球者擺脫對手的盯人而突破前

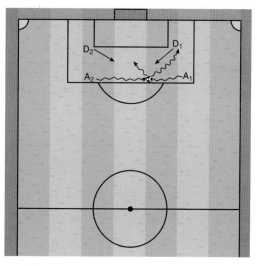

圖8.5 阻斷動作是用在化解防守者的盯人防守

進至球門。身為最初的帶球者，你也可以運用阻斷動作來誘使對手上當，並且繼續控球來混淆盯人防守。

當隊友間進行球的轉移時，帶球者必須試著擺脫防守者的守備去護球，因為防守者通常是位於你和球門之間的球門內側。你運用外側腳（距離防守者較遠的腳）來控球，接球球員運用內側腳（較靠近你的那隻腳）來接球。這樣的操作程序有時候稱為同腳的互換，也就是右腳對右腳、左腳對左腳的原則下來運用阻斷動作的操作。

錯誤的步驟

當你試著交換球權時，防守者將球踢走。

修正方法

運用離防守者較遠的腳來控球，在這種情況下能夠保持你和對手的適當距離，而且在交換球權時，可以造成對手短暫的對球視線的混淆。

錯誤的步驟

在你交換球權時，和隊友衝撞。

修正方法

這個錯誤的發生是你和隊友沒有運用相同的腳來使用阻斷動作，也就是當你用右腳控球時，你的隊友應該使用右腳接球，反之亦然。

重疊跑

重疊動作的操作是二至三位隊員的組合，主要是設計中場球員能夠進入突破前進的進攻位置。通常是從邊線發球，創造一個人數優勢的情況，主要運用在中場球員上。

執行重疊動作時（圖8.6）面向防守者向前帶球，類似傳－切傳球的情境，隊友向前跑超越（重疊）你進入前面的位子，這個動作創造了你向前對角帶球的空間，也給重疊隊友製造進攻機會。

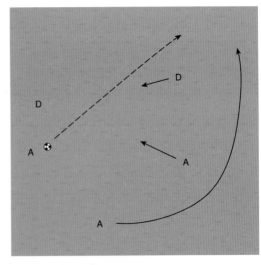

圖8.6　重疊跑，隊員繞著隊友曲折跑，造成重疊現象，並且進入向前進攻的位置

足球

邁向卓越

錯誤的步驟

你的球被抄走結果，導致重疊的球員處於球的錯誤位置一邊，造成防守不好。

修正方法

除非你在一個向前傳球的位置上否則不要去操作重疊跑，當你向前跑而且是在良好的控球情況下，你的隊友就可以向前快速接球。

阻斷和重疊跑練習一　多重阻斷

在罰球區內進行比賽，兩個隊伍（A隊、B隊）各有相同的人數。A隊每一位隊員各持一球、B隊空手，一聲令下所有的球員開始在場區內任意移位，持球球員帶球移動、空手球員則慢速跑。帶球者運用對空手球員的阻斷動作，尋求他們交換球的機會，然後迅速的運用另一個阻斷動作將球要回。所有的阻斷操作必須是運用同一隻腳原則，也就是右腳對右腳或是左腳對左腳，每一位球員至少要操作五十次的阻斷動作。

1.增加難度

• 以比賽的速度來操作。

• 增加三位防守者，來協助避免阻斷動作的完成。

2.降低難度

• 以半速來操作此練習。

成功的檢查點

• 朝著鄰近的隊友帶球。

• 運用同一隻腳的技巧傳球。

• 當和隊友交換球時，用身體護球。

• 接球後加速前進。

操作成功的給分

34或34次以下無失誤阻斷動作＝1分

35～46次無失誤阻斷動作＝3分

47～50次無失誤阻斷動作＝5分

你的總分：＿＿＿＿

阻斷和重疊跑練習二　球門前的阻斷動作

兩個隊伍（A隊與B隊），每隊有四至六位球員。場區的底線各放置一個標準球門，兩隊縱列排隊面對面站在罰球區弧的外緣。A隊的每一隊員各持一球，B隊球員不持球，球門有一位守門員。

A隊的第一位球員直接朝著B隊的球員向前帶球，然後在罰球區的底線操作阻斷動作一次，B隊的球員帶球進入罰球區射門得分，A隊的球員將球傳出之後，運用彎曲跑向球門方向去處理守門員化解的射門球。球員在每次射門之後就排到對方隊伍的後方，每一隊員完成二十次阻斷動作停止練習，每一次以

比賽的速度成功操作阻斷動作得1分。

1.增加難度

• 增加一位防守者，他的任務是干擾阻斷動作。

2.降低難度

• 用半速來練習。

• 運用離防守者較遠的腳帶球。

• 操作阻斷動作時，遵守相同腳的原則。

• 在交換球後，曲折跑進罰球區。

• 加速射門。

操作成功的給分

0～13分＝1分

14～17分＝3分

18～20分＝5分

你的總分：＿＿＿＿

阻斷和重疊跑練習三　三位球員交叉迂迴前進

三隊排列成縱隊，間隔6碼站在場區的中線面向球門。在中間的球員持球，第一位球員將球傳給左邊的另一隊的第一位球員。接球的球員對角線帶球前進，將球傳給第三隊朝對角跑的第一位球員。基本的原則球員必須和目標隊友重疊（快速地繞過隊友前進），這個動作和籃球的三人迂迴進攻是相通的，這一系列的重疊跑要延續到球員抵達底線。當每一隊三位球員完成重疊跑到底線，就回到中線的起始點。重複操作二十次，每一隊成功的操作三位球員的交叉迂迴前進動作得1分，每位球員記錄下阻斷跑的操作次數。

1.增加難度

• 增加位移的距離。

• 增加重複次數。

2.降低難度

• 縮短位移距離。

• 減少重複次數。

成功的檢查點

• 準確將球傳到隊友腳上。

• 重疊跑。

• 加速跑至開放空間。

• 等待回傳球。

操作成功的給分

成功的重複操作10或10次以下＝1分

成功的重複操作11～14次＝2分

成功的重複操作15或15次以上＝3分

你的總分：＿＿＿＿

阻斷和重疊跑練習四　朝著球門重疊跑

比賽場區25×35碼，每邊的底線　　中點放置小球門。兩個隊伍每隊兩個球

員，每隊防守自己的球門、進攻對方的球門，指定一個額外的球員加入進攻隊伍，造成三對二人數上優勢，沒有守門員。

採用正規的足球規則，以下是規則外的限制：球員儘量和傳球的對象重疊跑，這個限制創造出比賽中一系列重疊跑的練習。比賽15分鐘記錄下所有得分，每位球員記錄下成功的重疊跑次數。

1.增加難度

• 相同人數的對抗（三對三）。

2.降低難度

• 三對一的對抗。

成功的檢查點

• 準確的將球傳至隊友腳上。
• 重疊跑。
• 等待回傳球。

操作成功的給分

19或19次以下成功的重疊跑＝1分
20～24次成功的重疊跑＝2分
25或25次以上成功的重疊跑＝3分
贏隊的隊員＝1分
你的總分：＿＿＿＿

阻斷和重疊跑練習五　三位球員邊線重疊跑

全隊球員均分成三組，A組每位球員持球，排一縱列站在中線的邊線旁，B組球員站在中圈，C組球員站在球門前中央35碼處，面向中圈。

A組第一位球員開始將球傳給C組球員，然後快跑至邊線，接球球員第一時間將球傳給B組球員，B組球員控球後對角線傳球給A組的重疊球員，重疊球員帶球至底線，橫傳至球門前，B組和C組球員參與三位隊員傳球的程序後，快跑至球門區就完成交叉傳球。球員在每次重疊跑後交換組別，中立的守門員負責化解所有的射門，持續練習直到每位球員完成十五次重疊跑為止。

1.增加難度

• 加入兩位防守者至罰球區內。

2.降低難度

• 以一半速度來練習。

進攻者成功的檢查點

• 穩定的傳球至目標（C組球員）。
• 快速向前推進至球前方位置。
• 接球後交叉傳球至球門區。

操作成功的給分

9或9次以下成功的比賽速度重疊跑＝1分
10～14次成功的比賽速度重疊跑＝2分
15次成功的比賽速度重疊跑＝3分
你的總分：＿＿＿＿

成功的結論

成功的團隊進攻策略的操作，要視以下因素而定：1.對比賽情境正確的解讀能力；2.選擇最適當的動作；3.以精練的技巧來執行動作。換言之，你必須決定做什麼、何時做，然後再身體力行。

在高水準的比賽，對所有球員來說，改善策略的熟悉度是不斷追求的目標。你可以透過比賽所要面對的虛擬情境的練習，來改進對於團隊進攻策略的認識。即使是職業的老手，也要經過比賽虛擬情境的重複練習，來精練自身的決策技巧。

在單元八的每個練習都有給分的機制，可以幫助你評估個人和團隊的表現。在下列的圖表記錄下你的得分，然後加總得分，來評估整體的能力水準。

支援進攻練習

1. 三對一控球權的爭奪（4分裡面得_____分）
2. 二對二（+4）支援比賽（5分裡面得_____分）
3. 四對二（+2）雙格子比賽（5分裡面得_____分）
4. 三對三（+2）球權爭奪比賽（5分裡面得_____分）

傳－切和兩次傳球練習

1. 脫離（5分裡面得_____分）

2. 在場區內二對一對抗（5分裡面得_____分）
3. 底線二對一對抗（5分裡面得_____分）
4. 二對一（+1）轉移比賽（2分裡面得_____分）
5. 多元的得分選項（3分裡面得_____分）

阻斷和重疊跑練習

1. 多重阻斷（5分裡面得_____分）
2. 球門前的阻斷動作（5分裡面得_____分）
3. 三位球員交叉迂迴前進（3分裡面得_____分）
4. 朝著球門重疊跑（3分裡面得_____分）
5. 三位球員邊線重疊跑（3分裡面得_____分）

總分（58分裡面得_____分）

總分高於47分，表示你對於單元八的策略概念已經非常熟練，可以前進至單元九。得分介於35～46分之間也算不錯，再加緊演練每個策略就可以勝任愉快。至於得分在35分以下，就必須加把勁去重複複習各種策略，經由練習改進你的技巧，然後就可以進入單元九。

足球
邁向卓越

單元九　小組防守

進攻的策略是設計來延展防守隊的水平面與垂直面的空間,提供控球者突破對方防守的多重選項,經由團隊合作結合個人的光芒,在射門得分時達到巔峰。反之,防守策略的設計是要在布滿場區內的水平面和垂直面,來減少進攻球員的可用空間和時間。相對的,也增加防守球員的人數,來極小化控球球員人數的選項,因而拒絕對手的突破前進。當防守者持球時,整個隊伍的球員必須作出防守至進攻的迅速轉換。相反的,對手也必須由進攻轉變為防守的角色。由此觀之,進攻和防守策略可以視為硬幣的一體兩面,雖然說攻防的目標是對立的,但是他們在每次球權交換的時候,同樣也都必須迅速有效的來轉移角色。

壓迫、掩護和平衡是重要的防守策略,他們適用在所有比賽的類型,每個球員包括守門員,都必須要瞭解球隊的整體防守計畫中的策略和其重要性。就像進攻球員必須團隊合作來創造得分機會,防守球員也必須有效的組合在一起,尤其是面對對手射門時阻斷對手的空間和時間,確保防守必備的壓迫、掩護和平衡動作。

壓迫、掩護和平衡

最靠近球的防守者稱為第一位防守者,他的職責是給予攻擊點立即的壓迫(見單元七)。他的目標是要去阻斷對手運用傳球或帶球的立即突破前進,因而帶給防守隊友在球門前有足夠的時間去進入防守位置。

當第一位防守者展開對球壓迫時,第二位防守者(掩護)進入第一位防守者的側後方來補位,在這個位置上假如第一位防守者被對手帶球超越,補位的防守者就可以向前跨步來阻斷帶球者的前進。第二位防守者也要進入切斷對方傳球路徑的位置,也就是在第一位防守者後方的位置,並且要即時扮演支

援靠近球的第二位進攻者的角色。補位防守者的功能有點像美式足球的清道夫（free safety），就是提供急需援助隊友的補位。切記一位防守者的角色在球的移動情況下，可能造成瞬間的改變，例如：一位補位防守者在盯人防守對手時，成功的阻斷對手的防守突破前進，瞬間就變成第一位防守者。

距離球較遠的防守球員，通常稱為第三位防守者，他的任務是負責防守的平衡。防守的平衡是為了要保護球前的空間，特別是在防守邊線後面的開放空間時。

第一位防守者

第一位防守者是負責給予對方帶球者立即的壓迫任務，所以當球飛向接球球員時，第一位防守者就必須靠近來球。當逐漸接近進攻者時，放慢腳步來保持身體的控制和平衡，你的第一優先選擇是要先限制進攻者的選項，限制他可用的空間和時間，迫使對手向後傳球或是傳球給第二位防守者附近的進攻者（圖9.1）。當然你的首要任務不是去贏得球權，如果機會出現時也不要放棄。

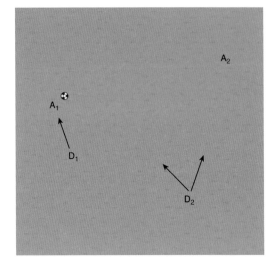

圖9.1　第一位防守者給予持球者壓迫，第二位防守者去補位

　錯誤的步驟
你在第二位防守者尚未補位前，就被對手帶球過人。

修正方法
第一位防守者的首要責任是延遲對手的進攻，讓隊友有足夠的時間來組織守備。所以絕對不要躁進去剷球，要先確定補位隊友他們已經進入位置可以展開行動。

第二位防守者（補位）

補位防守者有兩個主要任務，首先你必須要保護第一位防守者側後方的空間，必須要進入防堵對手傳球入境的位置，並且必須準備好來支援被對手擊敗的第一位防守者；其次你必須要覺察到在球附近的對手（支援進攻者）。要完成以上兩個任務，必須要站在第一位防守者適當角度和距離位置。

進入第一位防守者側後方適當角

度、位置之後，你可以切斷掉對手傳球的空間，也可以阻斷鄰近支援的進攻者。你應該對球保持一個清晰的視野，並且能夠迅速回應第一位防守者動作作出位置的調整。理論上在第一位防守者的對角線後方，應該有補位的防守者，當三位防守者妥善的站好位置之後，就會形成一個三角形的形狀（圖9.2）。

　　補位的距離是不同的，主要是看場區內的區域以及鄰近的對手位置。防守的補位必須是很扎實的，特別是在你的球門前的得分區域；也就是必須拒絕對手射門得分所需的時間和空間。當球離球門較遠時，補位的距離也可以因勢延長。例如：當球位於球門的30碼內時，適當的補位距離大約是2碼左右。當球靠近中場時，5～6碼或許是比較適當的補位距離，完全要視比賽當下情境而定。切記身為一位補位球員，你

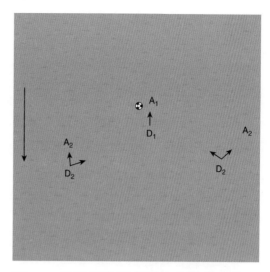

圖9.2　第二位防守者補位的適當角度。第二位防守者負責防守第一位防守者後方的空間，而且也能夠給予支援的進攻者壓迫

要負責盯住靠近球的對手（第二位進攻者）。通常來說，越靠近持球的對手，你的補位動作就應該更嚴謹；當對手離球較遠時，補位的距離就因勢延長（圖9.3）。

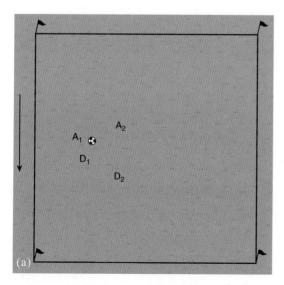

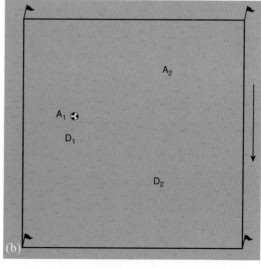

圖9.3　補位距離的改變視對手的位置而定：(a)靠近球；(b)遠離球

錯誤的步驟

身為一位補位防守者，你的位置直接在第一位防守者的正後方。

修正方法

當你處於第一位防守者的正後方時，你不能夠保護第一位防守者側面的空間，而且第一位防守者被帶球過人擊敗時，造成一個無法向前跨步的守備位置。補位防守者應該要位於第一位防守者側後方，三位防守者形成一個三角形的形狀，第一位防守者位於三角形的頂點。

錯誤的步驟

補位防守者位置，距離第一位防守者太遠。

修正方法

進入補位防守者的位置，提供第一位防守者緊密的補位，同時也能夠給予第二位進攻者帶球時的壓迫感。

防守性壓迫和補位練習一　球門前二對二對抗

兩隊每隊各兩位球員，運用標記界定20×25碼場區。在每邊底線中央設置4碼寬的球門，從中圈開踢，每隊防守一個球門，並且低於膝關節的高度射門，不使用守門員，在每次球權交換時兩隊也攻守互換。隊友之間必須在防守上合作無間，確保足夠的壓迫和補位。當第二位防守者位於第一位防守者旁邊時，試著要阻斷突破的傳球時，第一位防守者應該給予帶球者壓迫，第二位防守者也應該立即去挑戰前來支援進攻者的傳球。比賽15分鐘，記錄下所有的射門得分。

1.增加防守隊伍難度

- 要求防守隊伍守備位於每一底線角落的小球門。
- 擴大場區的面積，創造更多的攻擊空間和時間。
- 增加一位進攻球員，造成三對二的人數優勢。

2.降低防守隊伍難度

- 縮小球門尺寸。
- 縮小場區的寬度。

防守者成功的檢查點

- 第一位防守者朝著攻擊點施予立即的壓迫。
- 第二位防守者位於補位的適當距離和角度。
- 第二位防守者在適當時機，跨步向前去奪得球權。
- 隊友因應來球，調整身體的位置。

操作成功的給分

15分鐘內未能防守11或11次以上射門＝1分

15分鐘內未能防守6～10次射門＝3分　　　你的分數：＿＿＿＿＿

15分鐘內未能防守0～5次射門＝5分

防守性壓迫和補位練習二　阻斷關鍵性傳球

指派一隊兩位防守者，另一隊四位進攻者。運用標記界定15×15碼場區，進攻隊伍嘗試在場區內避開防守隊伍的守備來保住球權。進攻隊伍每次球員完成六次連續的傳球就得1分，每次的傳球穿越了防守者之間另加1分，這就是所謂的關鍵性傳球。防守隊伍的隊員每次贏得球權或是迫使進攻者球出界得1分，假如防守者贏得球權，就立刻的回球給進攻隊伍，然後繼續比賽。比賽10分鐘，記錄下所有的得分。

1.增加防守者難度

• 擴大比賽場區。

• 增加進攻者，造成二對五的情況。

2.降低防守者難度

• 縮小比賽場區至10×10碼。

• 限制進攻者傳接球時，三次以下的觸擊。

防守者成功的檢查點

• 第一位防守者給予持球的對手立即的壓迫。

• 限制進攻者傳球的選項。

• 預測比賽走向。

• 避免造成穿越兩位防守者的補位。

• 因應球的落點來交換角色。

操作成功的給分

防守者的得分低於進攻者的得分＝每一位防守者0分

防守者的得分等同進攻者的得分＝每一位防守者2分

防守者的得分高於進攻者的得分＝每一位防守者4分

你的分數：＿＿＿＿＿

防守性壓迫和補位練習三　三對二（＋1）比賽

兩隊每隊三位球員，比賽場區20×30碼，在每邊底線的中間設置4碼寬的球門。三位進攻者持有球權開始比賽，對手包括兩位防守者和一位守門員。進攻隊伍踢球直接給對方的守門員得1分，防守隊伍要嘗試著取得球權，並且要阻止對手的得分。當防守隊員抄球成功時，在隊伍尚未朝著對手球門展開攻勢前，就必須將球回傳給守門員，守門員向前移位加入隊友的進攻行列。隊伍中失去球權退守到球門的唯一球員就是守門員，剩餘的隊友就承擔第一位和第二位防守者的角色。每次球權的轉換，隊伍之間也攻守交換。當防守者抄

球成功或射門得分，或進攻隊伍的隊友最後觸擊球出界，以上三種情況下球權交換、隊友之間輪替來扮演守門員的角色。比賽15分鐘，並記錄下所有的得分。

1.增加防守者難度
- 增加場區的寬度。
- 擴大球門的尺寸。
- 增加一位進攻球員，造成四對二的（+1）情況。

2.降低防守者難度
- 縮小場區的寬度。

- 縮小球門的寬度。
- 限制進攻者傳接球前，少於三次的觸擊。

- 針對進攻點給予立即的壓迫。
- 運用帶球化解對手的突破。
- 進入防堵穿越防守者之間的傳球位置。

輸隊的成員＝1分
贏隊的成員＝3分
你的分數：＿＿＿＿

防守性壓迫和補位練習四　防堵對手突破前進

比賽場區20×20碼，兩位對手站在場區中央，一位進攻者站在每邊邊線的中點，總共四位進攻者，供球者（教練）站在場區的外圍負責供球的工作。

供球者將球傳給其中一位進攻者，接球的球員（第一位進攻者）嘗試著帶球直接穿越到對方的邊線，兩位防守者協力防堵對手的突破前進。第一位防守者跨步向前面對帶球者的挑戰，第二位防守者進入提供隊友補位的位置。假如帶球者不能夠立即的突破超越防守者，就將球傳給位於另一邊線對角的進攻者，隊員接到球之後就變成第一位進攻者，並且立即的嘗試帶球穿越場區至對面邊線，防守者立即調整位置防堵新的進攻者的突破前進。

當防守者贏得球權或是球被踢出界時，供球者立即傳球給不同的進攻者，

進攻者成功的帶球至對方的邊線得1分，進攻者沿著場區的外圍回到他原來的邊線位置，同時供球者將球傳給另一位進攻者，然後繼續比賽。比賽時間5分鐘，指定兩位不同的防守者，然後重複練習。比賽數個回合，讓每位球員都能夠當防守者的角色。

1.增加防守者難度
- 擴大場區的面積。
- 配置兩位進攻者在每邊邊線的中間點，造成二對二的情況。
- 允許進攻者運用傳球給邊線的隊友來突破前進，而不要帶球。

2.降低難度
- 縮小場地面積至10×10碼。

- 第一位防守者在進攻點上，施予立即的壓迫。

- 保持身體的控制和平衡。
- 第二位防守者對第一位防守者後面的位置進行補位。

5分鐘內失分9分以上＝每一位防守者得1分

5分鐘內失分4～8分＝每一位防守者得3分

5分鐘內失分0～3分＝每一位防守者得5分

你的總分：＿＿＿＿

防守性壓迫和補位練習五　防守時人數優勢

在罰球區內比賽，底線放置一個正規的球門。組成兩隊每隊各兩位球員，在球門設置一中立守門員，每一隊各一球員扮演防守者站在罰球區內，對手的另一球員是唯一的進攻者，也站在罰球區內，他的隊友站在場區的外圍扮演供球者。

比賽開始，供球者傳球給在罰球區內的隊友，隊友接到球後嘗試著帶球超越兩位防守者，並將球踢進球門。在射門得分或守門員化解射門之後，或是球出界的情況下，供球者立刻踢進另一個球進場，然後繼續比賽。比賽90秒在供球者跟隊友交換位置之後，就繼續比賽。一系列的90秒一回合，每兩回合隊伍交換角色，防守者可以對進攻者使用二對一的壓迫防守，以防堵進攻者帶球突破和射門得分。比賽場區的大小應該要配合球員的年齡和能力來調整，進攻球員射門被守門員化解得1分，射門成功得2分，加總所有隊友的得分，失分較少的隊伍贏得比賽。

1.增加防守者難度
- 擴大場區的面積。
- 增加第二位進攻者，來造成二對二情況。

2.降低防守者難度
- 縮小場區的面積。

- 第一位防守者對進攻點，給予立即的壓迫。
- 保持身體的控制和平衡。
- 第二位進攻者從第一位進攻者後面的空間進行補位。

在五個90秒回合失分9分以上＝每一防守者得1分

在五個90秒回合失分4～8分＝每一防守者得3分

在五個90秒回合失分0～3分＝每一防守者得5分

你的總分：＿＿＿＿

運用標記來界定35×50碼的場區，畫一中線來均分兩半場，在兩邊的底線各設置一標準球門，每一球門有一守門員，組織兩個隊伍各有五名球員。每一隊伍指定三名進攻球員和兩名防守球員，三名進攻球員站在對手的場區，兩名防守球員則站在自己的場區，造成每一半場三對二的情況。每一隊負責防守自己的球門，然後進攻對方球門。

球員的動作範圍侷限在自己的半場內，當防守者抄球成功就傳球給在另一半場的隊友展開反攻。採用正規的足球規則，失分較少的隊伍贏得比賽。

1.增加防守者難度
- 擴大場區面積。
- 增加每一隊的進攻者，造成在防守區四對二的情況。

2.降低防守者難度
- 每一隊增加防守者，造成每一半場三對三的情況。
- 限制進攻者傳接球，少於三次的觸擊。

防守者成功的檢查點
- 對攻擊點給予立即的壓迫。
- 運用帶球去阻斷對方的突破前進。
- 迫使進攻者側面的傳球。
- 保護第一位防守者後面的空間。
- 迫使進攻者射門的角度拙劣。

操作成功的給分
隊員失分少於對手＝2分

你的總分：＿＿＿＿＿

第三位防守者

當第一位防守者朝著進攻點施予壓迫時，第二位防守者負責補位的工作，第三位防守者的責任就是確定防守的平衡性（圖9.4）。第三位防守者的位置是在沿著平衡線上第二位防守者的後面對角線上。平衡線是一條想像中的連結球和球柱的對角線，第三位防守者沿著平衡線的位置能夠完成三項重要的任務：保護第二位防守者後面的空間、保持球在你前方和保持你所緊盯的對手在視線內。

錯誤的步驟
你面對補位的防守者，未能防守對角線的長傳。

修正方法
你應該位於對角線後方，而不是直接在第二位防守者的側面，在此位置上你就可以阻斷第二位防守者後面的場區。平衡線是隨著球的移動而改變，當你離球越遠，平衡線也就越深。

錯誤的步驟

身為第三位防守者，你的位置太靠近第二位防守者，以致造成對手的對角線長傳成功。

修正方法

不要太在意提供第二位防守者嚴謹的補位。當你面對來球，而球是在第二位防守者的後方，你就必須縮短和球之間的距離，給予接球者壓迫。

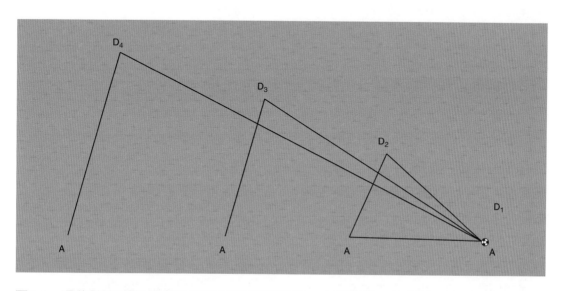

圖9.4　這些防守者都是處於正當的平衡情況下，來阻斷對手的傳球，並且和他們緊盯的對手之間的距離是適當的

防守性的補位和平衡練習一　三對三（＋2）球權爭奪

運用標記界定一個25×25碼的比賽場區，組織兩個隊伍，每一隊三位球員，另增加兩位中立球員加入進攻隊伍，造成五對三的情況，也就是多兩位進攻球員的優勢。兩隊的球員和中立球員都站在場區內，穿著不同顏色的背心來分辨不同的隊伍，以及中立球員。

持球的隊伍嘗試著控球和盡可能連續的傳球不失誤，三位防守者聯合給予壓迫、補位和平衡，試著來取得球權。

當防守隊員抄球成功，或者進攻隊員觸球出界的情況下，就交換球權。當球隊連續六次的成功傳球，而沒有失誤的情況下給1分，十次以上成功的傳球給2分。比賽15分鐘，失分較少的隊伍贏得比賽。

1.增加防守隊伍難度

• 擴大比賽場區面積。

• 增加第三位中立球員，創造進攻者多三位球員的優勢。

單元九　小組防守

2.降低防守隊伍難度
- 縮小比賽場區。
- 限制進攻者傳接球少於三次以下的觸擊。

防守隊成功的檢查點
- 第一位防守者給予球立即的壓迫。
- 第二位防守者負責補位。

- 第三位防守者負責平衡。
- 隊友之間必須合作無間，來保持正當的防守位置。

操作成功的給分
失分較少的隊伍成員＝2分

你的總分：_____

防守性的補位和平衡練習二　五對三（+2）比賽

比賽場區40×30碼，在每邊底線上放置兩個5碼寬的球門，兩球門的間隔10碼。組織兩個隊伍，每一隊有五個球員，每一隊必須要去防守底線的兩個球門，在對方的任一球門都可得分，擁有球權的隊伍就是進攻隊。對手有三位防守球員和每一球門一位守門員。防守隊員抄球成功在隊伍還沒有發動攻擊前，必須要讓球回傳給他的守門員，兩位守門員就加入進攻的行列，造成五對三的情況。每次球權交換時，隊伍就由進攻變為防守，反之亦然。除了得分的計分方法之外，正規的足球規則均適用在這個比賽。隊伍連續七次的成功傳球而沒有失誤的情況下得1分，每次射門成功得2分，比賽15分鐘，記錄下所有得分。

1.增加防守隊伍難度
- 擴大場區的長度和寬度。
- 擴大球門。

2.降低防守隊伍難度
- 縮小球門。
- 縮小場區面積。
- 限制進攻者傳接球的兩次觸擊。

防守者成功的檢查點
- 對攻擊點給予壓迫。
- 帶球阻斷對方突破。
- 針對第一位防守者後側方，給予補位動作。
- 迫使進攻者射門拙劣。

操作成功的給分
失分較少的隊伍成員＝2分

你的總分：_____

防守性的補位和平衡練習三　六對六對六

比賽場區44×36碼，約罰球區的2倍大。組織三個隊伍每隊六位球員，

指定其中一隊當作防守隊伍，其餘兩隊組合成一個十二名球員的進攻隊伍。六

位隊員的隊伍穿著不同顏色背心，十二位進攻隊員嘗試從六位防守隊員裡保護球權。進攻者在傳接球時限制兩次以下的觸擊，當防守者抄球成功、進攻者踢球出界或進攻者使用兩次以上的觸擊來傳接球，這三種情況造成球權交換。隊員犯錯造成失去球權的隊伍就變成防守隊，原來的防守隊就變成進攻隊。每一次進攻隊伍完成了八次以上的成功傳球，而沒有失誤時，防守隊伍就判罰1分。比賽20分鐘，判罰分數較少的隊伍贏得比賽。

1.增加防守隊難度

- 允許進攻隊伍傳接球時，無限制的觸擊。
- 擴大場區面積。
- 六次連續的傳球，判罰1分。

2.降低防守隊難度

- 縮小比賽場區。
- 要求進攻者運用一次觸擊的傳球。

防守者成功的檢查點

- 防守者合作無間來守備責任區，限制進攻者的選項。
- 最靠近球的防守者，給予球立即的壓迫。
- 鄰近的隊友負責第一位防守者後側方的補位動作。
- 離球最遠的防守者，負責防守的平衡性。

操作成功的給分

最多判罰分的隊伍成員＝1分
次多判罰分的隊伍成員＝3分
最少判罰分的隊伍成員＝5分
你的總分：＿＿＿＿＿

防守性的補位和平衡練習四　中線區十對五（+5）

分成兩隊（A隊和B隊）每隊各十名球員，比賽場區60×50碼，中線區隔成兩個半場。A隊和B隊站在兩個半場區內面對面，穿著不同顏色的背心來區分，教練扮演供球者的角色，站在靠近中線外圍的位置。

供球者開始踢球進入A隊的半場區，B隊立即派遣五位球員通過中線進入A隊的半場區來爭奪球權。A隊的球員運用隊友之間的傳球來保護球權，限制球員傳、接球時，少於兩次的觸擊。當B隊球員贏得球權時，立刻踢球穿越

中線，給在對面半場區的隊友。B隊的五位隊員贏得球權後，立即快跑至他們的半場區，加入隊友的行列。A隊失去球權，指派五位隊員至B隊的半場區，試著贏回球權。

在每次球權交換時，球隊也持續的交換場地，在每個半場內十位進攻者挑戰五位防守者，五位防守球員必須同心協力，運用團隊防守策略：壓迫、補位和平衡。補位防守者負責支援第一位防守者背後的空間，其餘的防守者負責補位和平衡。十次以上的連續傳球，球隊

得1分，失分較少的球隊贏得比賽，比賽時間15分鐘。

1.增加防守隊伍難度

- 允許進攻者傳、接球時，少於四次的觸擊。
- 擴大場區的面積。

2.降低防守隊伍難度

- 限制進攻者一次的觸擊（針對高水準的球員）。
- 允許七位球員穿越中線，來贏回球權。

防守性的補位和平衡練習五　防守人數較少的隊伍

分成兩隊，一隊七位球員，另一隊五位球員。運用標記來界定一個40×60碼的場區，在一邊的底線中央放置一正規的球門，另外兩個小球門各3碼寬放置在對面底線的角落。在正規球門配置一守門員，小球門則不需要守門員，五位球員的隊伍（人數較少的隊伍）防守正規球門，也可以在任一小球門射門得分。五位球員的隊伍，包括四位防守者和一位位於四位防守者前方的防守中場球員。七位球員的隊伍防守兩個小球門，必須在正規球門射門得分，球員在傳、接球和射門時，限制三次以下的觸擊，每一次的正規球門射門得分，七位球員的隊伍就得2分，五位球員的隊伍每次在小球門的成功射門得1分。比賽15分鐘，記錄下所有的得分。

1.增加五位球員隊伍難度

- 允許七位球員的隊伍，在傳、接和射門無限制的觸擊。

2.降低五位球員隊伍難度

- 縮短場區的寬度。
- 限制七位球員的隊伍，兩次或兩次以下觸擊。

防守性的補位和平衡練習六　球門前六對六

兩個隊伍，每一隊各有六位球員和一位守門員。運用標記來界定一個60×50碼場區，在場區的每一底線，放置一正規球門和一守門員。擁有球權的隊伍開踢，每隊防守自己的球門，進攻對方的球門得分。採用正規的足球規則，重點是在團隊防守策略，最靠近球的防守者對進攻點施予壓迫，鄰近的隊友（第二位防守者）負責補位，距離球最遠的防守者（第三位防守者）負責平衡，防守球員要因應球的動向來調整位置和責任。比賽25分鐘，失分較少的隊伍贏得比賽。

1.增加防守隊伍難度

* 指定兩位中立球員加入進攻隊伍，造成進攻隊伍多兩位球員的優勢。

2.降低防守隊伍難度

* 限制球員傳、接球和射門三次以下的觸擊。

防守者成功的檢查點

* 第一、第二和第三位防守者通力合作。
* 對攻擊點阻斷對手的突破前進。
* 保護第一位防守者後側方的空間。
* 第三位防守者沿著平衡線站立。
* 嚴密防守，限制進攻者的選項。
* 對下個動作作出預判。

操作成功的給分

失分較多的隊伍成員＝3分

失分較少的隊伍成員＝5分

你的總分：＿＿＿＿＿

成功的結論

成功防守技巧的操作需要兩位以上隊友的通力合作，因應場上變化。第一、第二和第三位防守者必須要準備好去執行自己的角色，以及和其他兩位隊友之間的關係。團隊合作當然是成功的要素，所以防守隊員之間的溝通很重要。例如：第二位防守者可以口頭上通知第一位防守者牽制進攻者的走向，或是在挑戰球權時提醒他。

在單元九的每個練習都有給分的機制來協助評估你的表現，並記錄下你的進度。有一些練習是用來評估整個團隊表現，而不是個人表現，所以整個總分並不能夠反應你個人表現的正確評估。例如：在五對五的比賽，或許可以正確的運用在第一、第二和第三位防守者身上，但是整個團隊表現不理想時，仍然得分較低。總之，團隊防守重要的職責是要整合團隊的成員，讓每位球員有如場上的教練一樣。運用下列表格記錄下你的得分，然後加總得到你的整體能力表現評估結果。

防守性壓迫和補位練習

1. 球門前二對二對抗（5分裡面得＿＿＿分）
2. 阻斷關鍵性傳球（4分裡面得＿＿＿分）
3. 三對二（+1）比賽（3分裡面得＿＿＿分）
4. 防堵對手突破前進（5分裡面得＿＿＿分）
5. 防守時人數優勢（5分裡面得＿＿＿分）
6. 半場區內的三對二（2分裡面得＿＿＿分）

防守性的補位和平衡練習

1. 三對三（+2）球權爭奪（2分裡面得＿＿＿分）
2. 五對三（+2）比賽（2分裡面得＿＿＿分）
3. 六對六對六（5分裡面得＿＿＿分）
4. 中線區十對五（+5）（4分裡面得＿＿＿分）
5. 防守人數較少的隊伍（3分裡面得＿＿＿分）
6. 球門前六對六（5分裡面得＿＿＿分）

總分（45分裡面得＿＿＿分）

得分在37分以上，表示你對於單元九的防守概念非常精練，可以準備向前邁進至團隊進攻策略。得分在30～36分之間也算不錯，針對每個策略多複習幾次，就可以前進單元十。得分在29分以下，就必須針對相關的題材加把勁去複習，熟能生巧逐漸的就能有所進步。

單元十 團隊的進攻

個人傑出的表現有時候可以突破對手守備，創造得分的機會，似乎是稀鬆平常（觀看梅西比賽中穿針引線的奇幻演出，球幾乎和他的腳成為一體）。當然除了規則以外，那是一個特例。大多數教練和球員都同意射門得分是所有隊友通力合作的結果，也是一群球員個人的思維和表現的總結合。

團隊策略的設計是要整合十一位球員的才華，來確保每一位球員都專注在相同目標上。團隊進攻的基本目標是要在球附近的區域造成人數的優勢，創造在對方防守區域的空檔，最後完成射門的攻擊動作。當然要完成以上目標，需要團隊有一個清晰的概念，就是當他們擁有球權時到底要達成什麼目標，這就是團隊進攻策略的發揮。

傑出的進攻隊伍絕對不只是幸運的產物，在基本的基礎上，一個團隊要創造射門得分的機會，球員們就必須緊密的結合在一起，來展開團隊的進攻策略，進攻策略原則如下：

球員的活動力

時間－動作的研究指出，平均來說一位足球員在90分鐘的比賽，擁有球權的時間僅僅幾分鐘，剩餘的80多分鐘就處於無球的狀態。因此，在無球情況下的動作，就必須是有效和有意義的。一個球隊絕對不允許在場上當觀眾球員，也就是說當球員擁有球權時願意去帶球運作，但是在無球的情況下卻傾向於呆若木雞。現在的足球比起過去，球員的活動力和無球的動作對個人和球隊的成功而言變得更重要。球員在場上就必須不停的移位，來製造自己的傳球機會，並且創造隊友的空間，有效率的無球動作能夠創造持球隊友的傳球選項，造成對手處於不良的防守位置，並且替隊友清理出適當的補位空間。球員的移位也會製造球隊在拉鋸戰時有利於球權的爭奪，最後造成良好的射門機

會。贏得歐洲2012年足球錦標賽冠軍的西班牙男子國家隊，就是一個創造高能量團隊進攻的良好典範。

對角線移位

對角線移位是球員對角突破前進穿越對手的守備。對角線移位球員從場區內對角線穿越防區中央，或是從中央區域穿越至邊線（圖10.1）。

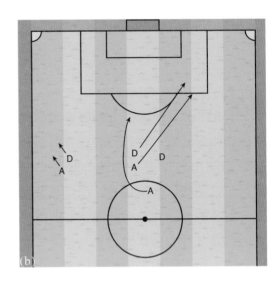

圖10.1　對角線移位：(a)從邊線至中央；(b)從中央至邊線

對角線移位比起正面移位有些優勢，由於球員在操作對角線移位時朝著球門突破前進，並且切進防守區域，會迫使對手不得不緊盯防守，這個動作會造成防守者處於不良的防守位置，同時創造隊友的補位空間。所以對角線移位，球員的位置在球和防守者之間來接球，因為防守者通常是在球門側面以及進攻者內側位置。終究對角線的移位是從邊線發動向內推進，造成跑者能脫離中央位置的守備處於絕佳的接球位置。

無球情況的移位控制

移位是當球員退守到開放空間來接球時，或僅是創造進攻者和盯人防守者之間的距離（圖10.2）。整個動作採用簡捷爆發性的向前速度，超越防守者去接球。防守球員介於對手和球門之間來保持球門側向的位置，因此防守者通常會向後移位來因應對手的動作。當防守者後退時你瞬間朝著球方向後退，這種瞬間方向的改變，會增加盯人防守者和你之間的距離，因而創造你接球、控球和傳球的空間。

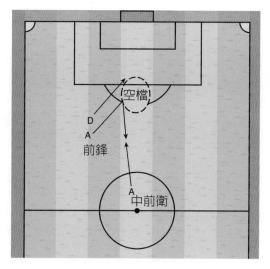

圖10.2　一個控制性移位的範例

保持進攻的寬度和深度

在單元八我們探討了持球球員的隊友，應該站立在他的前後左右的位置。在球後方的球員是能提供進攻時的深度（支援），並且幫助持球球員無法兼顧的工作──向前傳球。例如：持球球員背向對手的球門，他可以將球後傳給支援的隊友，支援的隊友再將球傳給不同的隊友。位於第一位進攻者前側方的隊友，負責短傳安全的傳球選項；位於球前方的隊友負責突破前進，這個團隊支援的概念，可以運用到整個球隊的進攻上。

標準的足球場區大約是120碼長、75碼寬，比美式足球場區稍大，是目前所有的運動種類中最大的場區。當持有球權時，球隊應該嘗試充分利用場區的垂直面以及水平面的極大化場區使用功能。有效率的傳球組合加上球員的正

確動作和位置，造成對手較大的補位場域面積，如此產生了防守的漏洞造成進攻隊伍能夠利用的空間。傳球的技巧應該要多樣化，無論是種類、距離和方向，都要避免對球的阻攔。球員位於進攻的正確寬度和深度，通常我們稱為正確的進攻隊型（圖10.3）。

要完成進攻的深度必須要保持一位以上的球員在球的前方，這些前方中的一位球員延伸了場區的垂直距離（由北向南），矛頭對準進攻方向。同時球隊有一位以上的球員靠近場區的邊線，朝著場區的水平（由東向西）前進。較靠近球的邊線球員在某些程度來說，弱邊球員位於場區的邊線附近，負責進攻的寬度。弱邊的球員位置通常是特別適合來做對角線突破前進，穿越對手中央的防守（圖10.4）。

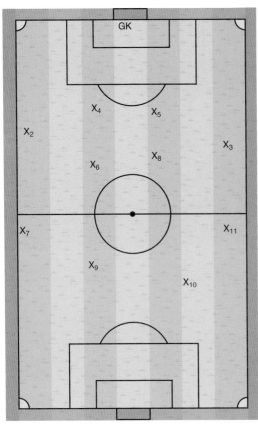

圖10.3　進攻位置的寬度和深度

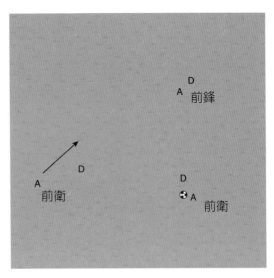

圖10.4　弱邊的突破前進

即興創作

防守策略主要是盡可能來預測對手的比賽情況，當你的隊伍進攻時，有時候有即興的、意想不到的動作表現，造成你的優勢。適時的在場區內帶球突破前進，是即興進攻絕佳的方法，能夠有效的突破對手的守備；反過來說，在不恰當的時間，運用不當的帶球，會很快的破壞整個有效進攻的流暢性。為了要說明運用帶球技巧的最大優勢的時間和地點，我們將比賽場區劃分為三個區塊：後方三分之一場區（防守）、中場三分之一場區和前方三分之一場區（進攻）（圖10.5）。

一位聰明的球員，應該能夠解讀場上不同區域的帶球風險和安全。後方場區或是所謂的防守三分之一，最靠近你的球門稱為「沒有風險的區塊」，因為它是處於球隊不太可能失去球權的地方，不要在此區塊嘗試帶球超越對手向前挺進。應該要較安全的傳球給在前面位置的隊友，即使傳球被阻斷或是失去了球權，你仍然是處於防守對手反擊的位置上。

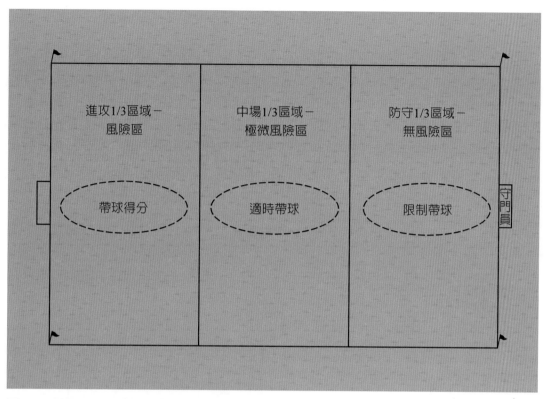

圖10.5　場區內三塊風險和安全的區塊

　　當球員位於中間三分之一的區塊時，失去球權的風險較小。在中場三分之一的區塊，大多數的球隊會努力地在安全（傳球）和風險（帶球）之間做個平衡，所以你會發現在這個區塊球員運用帶球的技巧頻次較多。當擊敗了對手的帶球，球員立即朝著球的側方，移動在前場的三分之一區塊，造成隊員人數的優勢，即便對方搶走了你的球，你仍然有時間恢復到球門邊的位置進行守備，因為球離球門大約是50碼左右。在中場三分之一區塊過度的帶球是不被鼓勵的，因為它會造成進攻速度的遲緩，而且使得對手能夠預測進攻策略。

　　進攻三分之一場區是球員（和教練）最能夠接受的，當失去球權的風險，以創造射門得分機會。帶球的技巧運用的優勢，在靠近對方球門的進攻三分之一場區，在這個區塊擊敗對手的帶球，遠遠超過失去球權的潛在負面結果。假如在前三分之一場區你能夠帶球超越你的對手，你可能給自己或隊友創造一個絕佳的得分機會。在這個區塊即使失去球權，也不會造成球門立即的威脅，學習去解讀比賽的情境，然後適當的運用帶球技巧，並且取得優勢。

整體球隊支援

足球有時候他們稱之為三角形的比賽，它意味著場上球員和隊友之間移位的關係。假如十位場內的球員，都適當地站在深度的位置，而且隊友之間互相支援，這樣的隊員組織就很像一系列的三角形組合（圖10.6a）。這些三角形組合並不是一成不變的，因為球員們一直不停的移位，來因應球的位置和隊友的動作而變換他們的位置（圖10.6b）。西班牙男子國家代表隊是2008年和2012年歐洲足球錦標賽冠軍隊伍，以及2010年世界盃的冠軍，就是這種進攻隊形的絕佳典範。在他們所有的比賽，西班牙球員採用短而正確的傳球來主導控球的時間，造成他們的對手在大部分的時間內一直在追著球跑，也就產生了對手防守的漏洞。

整體的團隊進攻支援動作，隊友們在場區內有如一個單一扎實的組合，忽前忽後的跑動。通常來說，在最後一位防守者和最前面進攻者之間的距離要少於50碼。

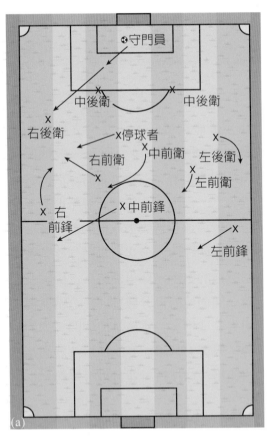

圖10.6　(a)整體支援團隊的位置：所有隊員位於適當角度和深度；(b)隊員因應來球調整位置

足球
邁向卓越

進攻點的變換

　　防守球員永遠跟不上球的行進速度，所以聰明的進攻球隊會善用這個優勢。快速地將球從場區的一端，運行至另一端，通常在策略上稱之為「進攻點的變換」，能夠造成防守的失衡以及創造向前突破射門的機會。

　　在快速向前傳球時，很重要的是運用最少次數的觸擊，特別是在防守中間三分之一場區時，轉變整個比賽去進攻防守最弱的區塊。兩或三次的短傳將吸引對手前來抄球，這個時候一個長傳或對角線傳球（圖10.7），會造成防守者處於不利的位置，防守者無法及時的還原來阻擾新的進攻點的突破前進。

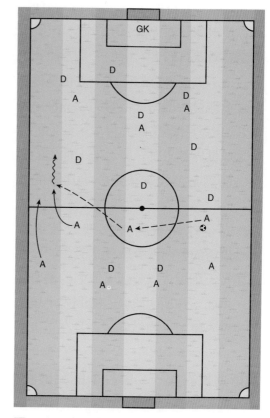

圖10.7　進攻點的變換

製造和把握得分機會

　　一旦進攻隊伍製造對方防守的空隙時，必須要及時的把握機會。通常在球門前的中央區域是球隊製造得分機會的優勢，因為它是射門較寬廣的角度（圖10.8）。從球門前的中央區域起腳射門，得分的機會較大；同樣的，從邊線起腳射門的角度就較狹窄，很難能夠擊敗優秀的守門員。

　　製造得分機會只是一場球賽的一部分，是否能夠及時把握機會的優勢，是決定球隊成功或是失敗的關鍵。簡而言

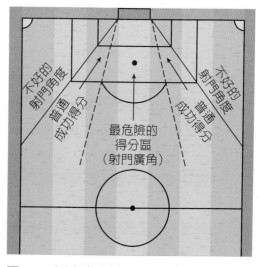

圖10.8　以寬廣的射門角度，製造得分機會

之，射門得分仍然是足球運動最艱難的任務。雖然良好的策略和團隊的合作，可以使得球員進入得分的位置，但終究還是要看球員個人的造化，是否能夠把握良機，完成得分的任務。這也是為什麼很多球員，例如：德國的Gomez、阿根廷的梅西和英格蘭的魯尼，他們能夠在足球世界裡占有一席之地，他們的臨門一腳經常就能夠決定一場比賽的結果。

在足球領域經常聽到教練們談到，優秀的射門得分球員是天生的，而不是後天訓練可以製造。他們的優質能力，例如：預期的能力、時間差、場上的視野、壓迫下的鎖定，以及在正確的時間前進到正確的位置能力，都是所有偉大的射門得分球員必須具備的特質。我個人在某種程度上，同意以上的說法。然而我深信所有的球員，無論他們與生俱來的優點和缺點，都可以經由努力的練習，造就成為比較精練的射門得分球員。要去發展射門的爆發力和準確性的能力，學習雙腳並用來快速射門，要能夠及時解讀射門的潛在機會，學習將自己置於優勢的情境，試著去改善你的缺點，充分發揮你的優點。如果你能夠堅守這樣的原則，就可能成為球隊最致命的武器，即成功進攻最後臨門一腳的執行者。

團隊進攻練習一　掌控下的突破和得分

運用標記來界定25×40碼的比賽場區，兩邊底線的中間各放置一個標準球門。組成兩個隊伍每隊四位球員，加上守門員，不同隊伍的球員穿著不同顏色的背心，其中一隊從場區的中圈開踢，每一隊防守一個球門，可以在對方的球門得分，或是完成連續八次的無失誤傳球；防守隊伍可以經由抄球，或是從對手腳下劏球來贏得球權。除了計分方法不同之外，正規的足球規則適用此練習，一次射門得分給1分，連續八次的成功傳球給2分，得分較高的隊伍贏得比賽。

組織進攻時必須要有耐性，控球時要保持鎖定，直到發現得分機會時向前推進。因為防守隊伍必須嘗試著壓迫對手來贏得球權，可能造成防守球員守備位置的失序，當然你的隊伍就有機可乘，這些概念可以運用到正規的比賽（十一人對十一人）。

1.增加進攻隊伍難度
 • 增加防守隊伍一位球員。
2.降低進攻隊伍難度
 • 增加進攻隊伍兩位球員。

成功的檢查點

 • 不斷的移位來製造傳球的機會。
 • 扎實的，一或兩次的觸擊，傳球給支援隊友。
 • 把握射門的良機。
 • 起腳射門。

足球
邁向卓越

204

贏隊的成員＝3分

你的總分：＿＿＿＿＿

團隊進攻練習二　在進攻的三分之一場區帶球射門得分

組織兩隊，每隊六位球員和一位守門員，運用標記來界定一長方形75×50碼的場區，兩邊底線放置一標準球門，將場區分成三個等面積的25×50碼的區塊，守門員負責每個球門的守備。

從中圈開踢，每一隊伍防守自己的球門，進攻對方的球門。採用正規的足球規則，以下的限制例外：球員在靠近球門的防守區，限制三次以下的觸擊。在中間場區就沒有觸擊的限制，球員可以向前帶球至開放的空間，球員不可以在前三分之一的場區帶球過人，球員在起腳射門之前，必須帶球超越對手的守備，違反以上限制規定判罰1分，失去球權也判罰1分，球員成功的帶球超越防守者射門得分給2分，每位球員記錄下自己的罰分，比賽25分鐘。

1.增加進攻隊伍難度
- 防守隊伍增加兩位球員，造成防守人數的優勢。

2.降低進攻隊伍難度
- 進攻隊伍增加兩位球員，造成進攻人數的優勢。

成功的檢查點
- 在限制觸擊情況下，迅速將球推進至防守三分之一的場區。
- 運用傳球或帶球，快速穿越中間場區的開放空間。
- 在進攻的三分之一場區，製造一對一的情況。
- 在進攻三分之一場區帶球突破前進。

操作成功的給分
11或11分以上的罰分＝1分

6～10分罰分＝3分

0～5分罰分＝5分

你的總分：＿＿＿＿＿

團隊進攻練習三　帶球至底線射門得分

組織兩個隊伍，每隊六至八位球員，不使用守門員。比賽場區60×50碼，每隊防守己方的底線，帶球超越對手的底線就得分。採用正規的足球規則，記分方法和以下的限制例外：球員不准向前傳球。向後傳球是用來製造帶球向前的機會。球員帶球超越對方的底線，該隊得1分，比賽20分鐘，得分較高的隊伍獲勝。

單元十　團隊的進攻

1.增加進攻隊伍難度
- 縮小場區的寬度，減少可用的空間。

2.降低進攻隊伍難度
- 增加三位進攻球員。

- 進入進攻的寬度和深度的位置。

- 在有限的觸擊下迅速傳球。
- 造成防守的失衡，製造開放空間。
- 當機會來臨時，全速帶球向前。

輸隊的成員＝1分
贏隊的成員＝3分
你的總分：_____

團隊進攻練習四　交換場地

組織人數相同的兩隊，每隊六至八位球員。運用標記界定一個70×50碼場區，在每一邊底線放置旗幟，代表三個4碼寬球門。在每一個角落及場中間各放置一個球門。每隊防守底線三個球門，進攻對手球門，不使用守門員。

從中場開踢，擁有球權之隊伍應迅速帶球進攻對方球門，踢球射門高度應在腰部以下才得分。採用正規足球規則，越位除外，比賽時間20分鐘，記錄下所有得分。

1.增加進攻隊伍難度
- 限制球員傳、接球和射門時三次觸擊。
- 增加二位中立球員，加入防守隊

伍，造成多兩位球員優勢。

2.降低進攻隊伍難度
- 擴大球門尺寸。
- 進攻隊伍增加兩位中立球員，製造進攻人數優勢。

- 擴大進攻位置之深度與寬度，延展對手的守備範圍。
- 運用短傳與迅速變化攻擊點，擾亂防守者守備。
- 迅速從防守轉換至進攻。

輸隊成員＝1分
贏隊成員＝3分
你的總分：_____

團隊進攻練習五　增加中立翼線球員的比賽

組織兩隊伍，每隊五位球員及一位守門員，額外指定兩位球員加入持球隊伍。運用標記界定一個75×65碼場區，在每底線中間放置標準球門，且每邊邊線畫一個10碼寬區塊，並在每區塊內站立一位中立球員（翼線球員）。

每一球門站立一位守門員，從場區中場開踢。

　　在中央區塊五對五開始比賽，中立球員（翼線球員）加入擁有球權之隊伍，製造進攻隊伍多兩位球員人數優勢。翼線球員可在邊線區塊前後移動，並可從中央區塊射門得分或在邊線橫向射門進球。當翼線球員接到從中間球員或守門員傳球時，需帶球至防守隊伍半場區射門得分。採用正規足球規則，比賽時間為25分鐘，橫向射門得分給2分，從中央區塊射門得分給1分，每隊記錄自己的得分。

1.增加進攻隊伍難度

- 限制球員傳球、接球或射門時，三次以下觸擊。

- 在每邊邊線區域配置中立防守球員，製造一對一之情況。

2.降低進攻隊伍難度

- 在中央區塊配置兩位中立球員加入進攻隊伍，創造多兩位球員人數優勢。

成功的檢查點

- 球員以進攻之深度及廣度，為考量位置之配置。
- 在中央區塊製造得分機會。
- 在球門區域，運用迅速橫向快跑射門得分。

操作成功的給分

輸隊成員＝1分

贏隊成員＝3分

你的總分：＿＿＿＿＿

團隊進攻練習六　提早到位射門得分

　　組織兩隊伍，每隊八位球員。在正規場地比賽，每邊底線中間設置標準球門，且每一球門有一位守門員。在每邊罰球區域前配置旗幟，代表三個6碼寬之球門，並在罰球區每一角落及場區中央各配置一個球門，不使用守門員。

　　在兩個罰球區域之間，兩隊以八對八相互對抗。進攻球員在球尚未通過球門前，不允許進入對手罰球區內。當球進入罰球區後，則有三位進攻球員可進入罰球區內完成射門，且防守球員不可進入罰球區內。當球進入罰球區內時，進攻隊伍射門前需至少經過兩次以下傳

球動作，每次成功傳球至對方罰球區給1分，射門得分額外加1分，比賽時間為25分鐘，記錄下所有得分。

1.增加進攻隊伍難度

- 傳球、接球時，需少於三次以下之觸擊。
- 縮短球門寬門。

2.降低進攻隊伍難度

- 增加三位中立球員加入持球隊伍，製造人數優勢。

成功的檢查點

- 在限制觸擊之情況下，迅速帶球改變進攻點。

團隊進攻練習七　三個區域的轉移比賽

組織三個隊（A、B、C），每隊各四名隊員。此外，指定一中立球員和兩名守門員，運用標記界定一75×50碼的比賽場區，兩邊底線各放置一標準球門，將全場以每25碼的長度區分成三塊相同的50×25碼區塊。A隊和C隊站在球場兩端底線區域，B隊站在中間區域。A和C兩隊守門員就位，B隊在中間區域開球，中立球員隨時加入握有球權的隊伍。

B隊在中立球員的協助下，帶球前進試著朝向A隊球門射門得分。A隊在B隊球員觸球出底線、守門員化解射門危機、攔截對手傳球或對手得分時，取得球權。

A隊贏得球權後，球員和中立球員迅速從底線移位至中間區域，B隊球員留在底線扮演下一輪防守者角色，A隊球員很快地在中間區域組織後，前進至對面場區進攻C隊球門。比賽採用正規足球規則，比賽時間25分鐘，得分較高隊伍獲勝。

1.增加進攻隊伍難度

- 限制進攻球員傳、接球和射門時，三次以下之觸擊。
- 每隊增加一位額外球員，縮小可用空間。

2.降低進攻隊伍難度

- 增加兩位中立球員加入進攻隊伍。

成功的檢查點
● 迅速從防守轉移至進攻。
● 進攻時球員分布於球場各處。
● 以最少的觸球數，儘快將球傳至中間區域。
● 從中間區域創造優質的廣角射門機會。

操作成功的給分
輸隊成員＝1分
贏隊成員＝3分
你的總分：＿＿＿＿

團隊進攻練習八　運用底線和邊線支援球員的比賽

運用標記界定一50×60碼的場區，兩邊底線中央各置一標準球門。

組織三個隊伍A、B和C，每隊六位球員。A隊和B隊分散在各半場來防守各

足球

邁向卓越

自球門，守門員在球門前就位，C隊球員沿著場區周圍分散站立，兩位各站在兩邊球門底線位置，一位站在邊線位置，扮演支援球員角色。

　　A隊和B隊在場區內展開比賽，雙方球員均可運用邊線和底線支援球員（C隊）當作傳球目標的選項，造成進攻隊十二對六的六位球員優勢。邊線和底線球員只准沿著場區外圍移動傳球，不准進入場內。邊線球員有兩次觸球的限制，底線球員一次。比賽時間10分鐘或兩次射門得分，任何一種情況產生在先，A隊或B隊失敗隊伍和C隊交換位置，變成在邊線和底線支援球員。這是一種類似迷你錦標賽，每一隊都必須和其他兩隊比賽一次。每次成功射門得1分，得分較高隊伍贏得比賽。

1.增加進攻隊伍難度

• 縮小比賽場區，來限制可用的時間與空間。

• 設限支援球員在傳、接球時，只允許兩次以下觸擊。

2.降低進攻隊伍難度

• 允許在邊線和底線的支援球員，無限制的觸擊傳球。

• 應用寬度與深度綜合性傳球。

• 旋風式的快打風格，盡可能減少觸擊次數迅速向前推進。

• 隨機變化進攻點，造成對手防守失衡。

第三名的隊員＝1分
第二名的隊員＝3分
第一名的隊員＝5分
你的總分：＿＿＿＿＿

團隊進攻練習九　西班牙式團隊進攻

　　組織兩隊，每隊七位球員，加上一位守門員。比賽場區60×80碼，中線劃分成兩個半場，兩邊底線中央各置一標準球門，各隊防守己方球門並進攻對方球門。採用正規足球規則，下列限制例外：場上七位球員必須進入對手半場才可以起腳射門，此規則強調團隊組織進攻的緊密性。最佳的典範是剛贏得2012年歐洲錦標賽冠軍的西班牙男子足球隊，以及世界上其他頂尖的國家隊。

　　當任何進攻球員仍然停留在自己半場的進攻球隊射門得分都不算，守門員化解對手的射門得分機會得1分，以及每一射門得分給2分。比賽20分鐘，並且記錄總得分。

1.增加進攻隊伍難度

• 限制球員傳、接球和射門時三次以下的觸擊。

2.降低進攻隊伍難度

- 進攻隊員射門時，允許兩位隊友停留在自己半場。

- 維持球隊該有的寬度與深度隊形。
- 運用短快的傳球組合，強調團隊通力合作。
- 以最少觸擊，迅速帶球前進。
- 在進攻半場帶球擊敗對手。

- 以堅實的小組隊形向前推進。
- 在適當角度和遠度，提供隊友支援。
- 創造廣角的射門得分機會。

輸隊的隊員＝1分

贏隊的隊員＝3分

你的總分：＿＿＿＿＿

團隊進攻練習十　球門前四（＋4）對抗四（＋4）

比賽場區30×60碼，兩邊底線中央各置一標準球門。組織兩隊，各有八位隊員和一位守門員，兩隊隊員穿著不同顏色的背心。各四位球員留在己方半場內，其餘隊員留在進攻半場的周圍：兩邊邊線各一位隊員加上球門兩側各一位隊員，留在界外球員不准進入場內，也不准相互傳球，但可以在界外和場內隊友互相傳球。界外球員受限傳、接球時兩次以下的觸擊，鼓勵界外球員盡可能帶球進入射門區域，防守隊（沒有球權的隊）只能有四位球員，界外球員保持在界外位置不動，在球隊得到球權後才可以進攻到對手的半場。每隔幾分鐘場內和場外球員角色交換。比賽時間20分鐘，射門成功得1分，頂球或騰空射門得分給2分，得分較高的隊伍贏得比賽。

1.增加進攻隊伍難度

- 限制球員傳、接球和射門時，三次

以下的觸擊。

2.降低進攻隊伍難度

- 進攻隊伍持球時，允許兩位界外球員進場。

- 維持球隊該有的寬度與深度隊形。
- 運用短快的傳球組合，強調團隊通力合作。
- 以最少觸擊迅速帶球前進。
- 運用界外球員來支援隊友。
- 在進攻半場帶球擊敗對手。
- 以堅實的小組隊形向前推進。
- 在適當角度和遠度提供隊友支援。
- 創造廣角的射門得分機會。

輸隊的隊員＝1分

贏隊的隊員＝3分

你的總分：＿＿＿＿＿

足球

邁向卓越

團隊進攻練習十一　七位球員對抗五位球員的半場比賽

指定五位球員一隊，七位球員一隊和一位守門員，使用正規場地的半場，底線中央置一標準球門，運用三角錐或旗幟界定兩個3碼寬的球門間隔20碼，置於正規場地的中線。守門員防守標準球門，小球門沒有守門員，七位球員的隊伍進攻標準球門，同時防守兩個小球門。五位球員的隊伍防守標準球門，同時試著傳球穿越小球門。七位球員的隊伍首先開球，教練扮演記分裁判角色，七位球員的隊伍在下列情況下得分：

- 連續八次傳球無失誤得1分。
- 成功的傳－切組合擊敗對手得1分。
- 守門員化解可能的射門得分得1分。
- 球門前罰球區內的射門補進得2分。
- 球門側面射門成功得3分。
- 20碼外成功射門得3分。

五位球員的隊伍六次傳球無失誤或成功踢進小球門得2分，比賽25分鐘，記錄兩隊得分。

1. 增加七位球員隊伍難度
- 縮小比賽場區寬度，限制可用空間。
- 設限球員在傳、接球時，只允許三次以下觸擊。
- 增加對手一位球員，造成七對六的情況。

2. 降低七位球員隊伍難度
- 增加一位球員，造成八對五的情況。

成功的檢查點
- 採用寬度與深度兼具的全面進攻。
- 改變進攻點顛覆對手防守的平衡。
- 進攻第三點創造一對一的情況。
- 在最危險區域（中間區域）創造得分機會。
- 善用邊線兩側區域。

操作成功的給分
輸隊的隊員＝3分

贏隊的隊員＝5分

你的總分：＿＿＿＿＿

成功的結論

團隊進攻準則適用於所有體制和型態之賽事，它提供球員作決策與行動的框架，只有球員個人願意努力邁向共同目標，團隊才會產生無敵不摧的進攻火力。

最佳的團隊進攻策略練習是模擬比賽的競爭情境，比賽不一定是正式的十一人制，但必須要有足夠球員來融入團隊進攻準則的運作。

單元十練習包含大群體的球員，要對個別球員給分有困難。每個練習皆針對團隊表現評分，大多數的情況是所有

贏隊的隊員得到相同分數，所有輸隊的隊員得分也是一樣。雖然此記分辦法不能正確反映出弱隊中優秀球員的優點，但是得分扮演著球員在比賽中團隊合作的成果。在下列表格記下你個人的分數，加總起來就能評估團隊的表現。

團隊進攻練習

1. 掌控下的突破和得分（3分裡面得_____分）

2. 在進攻的三分之一場區帶球射門得分（5分裡面得_____分）

3. 帶球至底線射門得分（3分裡面得_____分）

4. 交換場地（3分裡面得_____分）

5. 增加中立翼線球員的比賽（3分裡面得_____分）

6. 提早到位射門得分（3分裡面得_____分）

7. 三個區域的轉移比賽（3分裡面得_____分）

8. 運用底線和邊線支援球員的比賽（5分裡面得_____分）

9. 西班牙式團隊進攻（3分裡面得____分）

10. 球門前四（+4）對抗四（+4）（3分裡面得_____分）

11. 七位球員對抗五位球員的半場比賽（5分裡面得_____分）

總分（39分裡面得_____分）

總分超過30分，表示你已經精熟團隊進攻的概念，準備進入單元十一。得分在22～29分之間是可以接受的水準，再複習一下團隊進攻準則，就可以前進單元十一。得分低於22分，就必須加倍努力熟讀相關資料反覆練習，改善你的整體表現後，才能前進單元十一。

足球
邁向卓越

單元十一　團隊的防守

到了這個階段，你應該瞭解第一、第二和第三防守球員的角色和職掌。團隊建立過程的下個步驟，就是要整合所有的細節成為一完整的團隊防守策略。我多年的選手和教練生涯告訴我一個事實，即是一群天賦異稟足精英球員也不見得能組成一支合作良好的防守球隊。有效的團隊防守甚至於比團隊進攻更重要，需要隊友間的通力合作。良好體能是每位球員不可或缺的要素，加上使命感和決心是比賽場上必備的，每位球員必須能夠勝任一對一的對抗，能夠跳得過對手贏得制空球，必須瞭解壓迫（第一）、補位（第二）和平衡（第三）的防守者角色的重要性。

總之，球員們必須接受球隊所賦予防守者的角色與隊友間的關係。雖然在許多高階球隊的比賽可以觀賞到良好的防守表現，但過去三十年義大利國家代表隊所展現的嚴密團隊防守無疑是最佳的典範。

成功團隊防守的前提大都是建立在決策球員如何回應比賽時多變的情境，不好的決策可能造成射門失誤。當對手擁有球權時，我隊球員能夠清楚知道球隊想要達成的目標，就是改善決策能力的第一步。以下的團隊防守準則提供決策與行動的基本架構，這些準則適用於所有比賽體制，依著順序從球隊失球至重獲球權，挺進射門得分，一氣呵成。

攻擊點的壓迫防守

一個球隊在失去球權後數秒鐘內，是會被對手回擊最脆弱的時刻。即使是有經驗之球員，在從進攻轉移到防守的時候也易失去專注力，且變得毫無章法。

為防止對手發動反攻，最靠近球之防守隊員（第一位防守者）必須朝著攻擊點給予立即壓迫。防守球員不可輕率去挑戰剷球，應是在精算和控制壓力後去給予對手壓迫，並拖延對手傳球或帶

球之突破前進。假如防守者的壓迫能迫使第一位進攻者後退傳球或側向傳球，這就給予防守隊友有多餘時間來重新整隊。

處理球門邊的球

當防守者在球附近給予壓迫時，為避免對手快速回擊，離球最遠之防守者應迅速退至球後方之位置，這就是所謂球門邊位置（圖11.1）。在此位置你可能獲得球權且看好所負責盯人之對手，同時須站在提供隊友補位之位置上，身為防守隊員必須在球後方調整位置，要能壓縮球和球門間之開放空間，使得進攻球隊之突破前進和製造得分機會更困難。

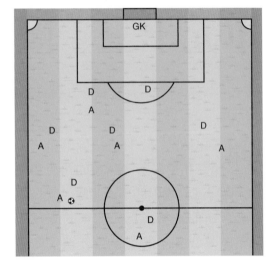

圖11.1 球門邊的位置

壓縮最危險之進攻區塊

防守隊伍的終極目標應該在最易得分區塊，完成阻斷對手之空間及時間。所以在最危險的得分區（中間）加強防守球員，就變成一項可接受之策略。當球員退守至球門邊位置時，他們在場區中央向內聚集（圖11.2）。此種在球後方的隊員向內壓縮之防守動作，是為了消除防守中間之空隙，據此來防堵對手穿越最重要得分區之傳球。

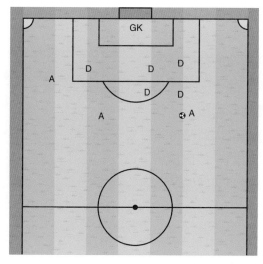

圖11.2　防守者之群聚。防守者向內壓縮，藉此保護最危險之得分區

加強垂直防守

　　正規足球場約為120碼長、75碼寬，較一座美式足球場稍大。這是個對十位球員而言極大之防守區域，團隊防守策略是針對壓迫場區的垂直面而設計，來縮短防守隊伍前場球員及後場球員間的距離（圖11.3）。團隊防守要消除防守空隙，造成進攻隊伍突破防守之困難。為達成此目標，防守隊員須組合為一緊實團隊朝著球位置之方向壓迫。靠近球的防守隊員需給予第一位進攻者立即壓迫，來阻斷對手長傳機會。

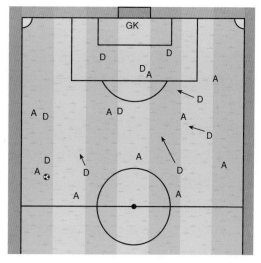

圖11.3　團隊之群聚；防守隊友站在互相補位之位置上

控制防守後方空間

　　當球員位在防守位置縮小開放空間時，也須採取方法來保護最後防守者和守門員間之空間，這就是前面討論的防守性平衡策略。離球較遠之球員應站在一條想像的對角線，此線源於球連結至球柱，防守球員站在平衡線的位置上能

夠保持球的良好視野，且可切斷防守後方空間傳球。通常來說一位球員距離球越遠，則此球員沿著平衡線的位置越深（圖11.4）。

守門員應負責保護防守的後方易受傷害之空間，也須隨時準備向前移位來攔截超越最後防守者的射門，似傳統所謂之掃把腳，當守門員離開罰球區，就需用腳傳球。

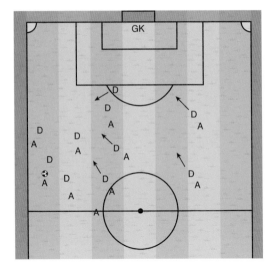

圖11.4 平衡線；遠離球的隊員，沿著平衡線站立阻斷隊手傳球

掌控比賽

團隊進攻策略主要目標為替控球隊員製造更多選項，也造成防守球隊在預測對手下一步驟之困難。反之，防守策略是藉著對進攻點的壓迫防守，加上對鄰近球支援進攻者之緊迫盯人來限制其選項（圖11.5）。對球立即壓迫，會迫使第一位進攻者迅速起腳，因無短傳選項，而增加長傳之可能性，造成失去球權較大風險。

防守球員也能經由阻斷進攻間傳球路線，來降低傳球之選項，因而迫使持球球員不得不傳高飛球或回傳給支援隊友，以上之任何兩個案例皆有利於防守方。通常空中傳球比起滾地球要來得較不精準，從防守角度來看，不管前傳或後傳，皆提供防守隊員足夠時間重組防守陣式。

最後，防守隊員可經由匯集第一

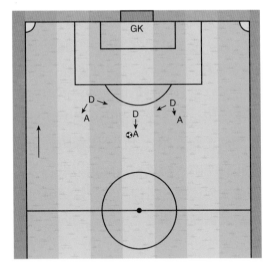

圖11.5 防守隊員緊迫盯人防守，來減少進攻選項

位進攻者進入有限空間，造成較可預測之比賽。例如：當迫使邊線進攻者朝邊線帶球，已經有效壓縮進攻者向前傳球之空間（圖11.6），在此種情況下已限制對手傳球選項，則更能掌握比賽之狀

況。另可經由匯集帶球者至補位隊友空間，來獲得相同效果。

團隊防守策略是循序漸進，但實際策略之執行是快速且同時發生。防守隊伍應位於獲得球權之最佳位置，針對進攻點給予壓迫。防守球員間應互相補位及平衡，來保護最危險之得分區。進攻隊伍掌控整個比賽情況。整個程序之最後步驟為第一位防守者去挑戰並贏得球權，或是迫使對手傳球至我方防守隊友能夠攔截球之區域。

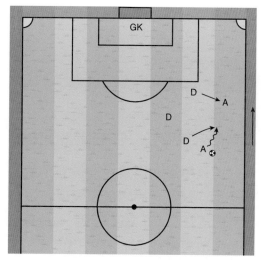

圖11.6 匯集進攻者至沿著邊線密集區域，減少進攻者傳球選項

團隊防守練習一　以球為導向的防守

組織兩個隊伍，每隊四位球員。比賽場區20碼長、40碼寬，將場區橫向劃分為三個同面積區塊，底線區（第一區塊和第三區塊）為10碼寬、20碼深；中間場區（第二區塊）為15碼寬、20碼深。在每一區塊兩邊邊線放置三角錐或旗幟，代表一個2碼寬之球門（提示：每一區塊之球門間隔20碼），每場比賽使用一顆球，球員穿著不同顏色之背心來辨識隊友。

每隊負責防守底線三個球門，進攻對手的三個球門。每隊一位球員站在第一區塊和第三區塊，負責防守不同區塊之球門。每隊兩位球員站在第二區塊，負責防守該區塊之球門。防守隊員不可在自己區塊和鄰近區塊移位，中間區塊的一位球員可側向移位至底線區，支援該區隊友。同樣地，底線區之防守隊員可側向移位至中間區，來提供中間防守

者補位及平衡。對於持球隊伍無限制，進攻隊員可遊走於區塊間，且不受一次觸擊之限制。

必須注意正規防守隊形及平衡，切記區域防守之位置為根據球及防守隊友之位置而定，而非對手球員之位置，球員不須盯守特定對象。採用正規之足球規則，成功射門得分給1分。

1.增加防守者難度

• 增加區塊寬度。

• 擴大球門寬度。

2.降低防守者難度

• 縮小區塊寬度。

• 限制進攻者在特殊區域的動作。

成功的檢查點

• 防守者在最接近球時給予壓迫。

• 運用帶球阻斷對手帶球突破前進。

• 鄰近防守者間互相補位及平衡。

• 以球為導向防守——根據球之落點

來占位。

輸隊的成員＝2分

贏隊的成員＝5分

你的總分：＿＿＿＿＿

團隊防守練習二　填補場區的空檔

比賽場區90碼長、75碼寬，放置兩列的小鐵餅，將場區區隔成三塊25碼寬的垂直區，在兩邊底線和鐵餅線交叉處，放置兩個迷你球門（3碼寬）。組成兩個隊伍，每一隊九位球員，兩隊的隊形成三四二的陣式，不使用守門員。每一隊防守在底線的兩個球門，進攻對手的球門。採用正規的足球規則，在這裡強調的是防守的嚴密性，所以防守隊伍應該要嘗試著去嚴守進攻隊伍可能得分的邊線區。如此一來，防守隊伍的所有球員應該要移位至場區的邊線區，在對手射門之時，結合兩個鄰近的三分之一場區，來壓縮進攻球員可用的空間。

射門得分給1分。假如移位防守球員，在對手射門得分時，是位於球的最遠距離位置，這時候進攻隊伍給予額外的2分。防守隊伍必須要運用團隊防守策略來阻斷對手突破前進，贏得球權。

1.增加防守隊伍難度

- 擴大場區面積，造成進攻隊伍更多可用空間。
- 增加兩位中立球員，加入進攻隊伍。

2.降低防守隊伍難度

- 縮小場區的長度和寬度，造成進攻隊伍可使用的空間和時間的限制。

成功的檢查點

- 針對進攻點施予立即的壓迫。
- 提供隊友密切的支援。
- 提供距離球較遠區域的支援。
- 填補場區的空間。

操作成功的給分

輸隊的成員＝2分

贏隊的成員＝5分

你的總分：＿＿＿＿＿

團隊防守練習三　後場的比賽

組織兩個隊伍，每隊七位球員和一位守門員。比賽場區50×80碼，中間一條中線，區隔成兩個半場，兩邊的底線各放置一個標準的球門。每隊有四位球員在防守的半場，三位球員在對方的半場，球員不准超越中線。採用正規的足球規則，下列的限制例外：當防守隊伍在自己的半場區贏得球權時，可以有

三次的傳球給在對手半場區的隊友。這個限制強調的是快速傳球，而不失誤的重要性。違反三次傳球的限制，對手獲得球權。比賽20分鐘，得分較高的隊伍獲勝。

1.增加防守者難度

• 增加兩位中立球員加入進攻隊伍，造成防守半場區的壓力。

2.降低難度

• 帶球至對手半場時，允許在防守半場區的五次傳球。

• 嚴密的防守。

• 阻斷對手的時間和空間，造成傳球的組合。

• 在交換球權時，迅速從防守轉移至進攻。

• 限制傳球時的觸擊，造成傳球更多選項。

輸隊的成員＝2分

贏隊的成員＝5分

你的總分：＿＿＿＿

團隊防守練習四　減少防守人數

　　組織兩個隊伍，每隊七位球員和一位守門員，指定兩位中立球員加入持球的隊伍，造成九對七的情況，也就是進攻隊伍多兩位球員的優勢。比賽場區60×90碼，在兩邊的底線各放置一個標準球門，每隊防守自己的球門，進攻對手的球門，採用正規足球規則。

　　防守隊員人數占優勢，採用區域盯人，並運用所有團隊防守策略。最靠近球的隊員針對攻擊點給予立即的壓迫，其餘的球員退守到球門邊的位置，所有防守隊員應該要填滿整個場區的每一部分，造成進攻者有限的可用空間和時間。比賽時間20分鐘，得分較少的隊伍贏得比賽。

1.增加防守隊伍難度

• 增加場區的面積。

• 指定三位中立球員加入進攻隊伍，造成十對七的情況（進攻隊伍多三位球員的優勢）。

2.降低防守隊伍難度

• 縮小場區。

• 限制進攻球員傳球、接球、射門時，三次以下的觸擊。

• 對球給予立即的壓迫。

• 集結防守者在最危險的得分區。

• 處於補位和平衡的位置。

• 阻斷中間區域的來球。

輸隊的成員＝3分

贏隊的成員＝5分

你的總分：＿＿＿＿

單元十一　團隊的防守

團隊防守練習五　四對六轉移成六對四

比賽場區80碼長、50碼寬，中線區分成兩個半場，在每邊底線放置一標準球門。組織兩個隊伍，每隊十位球員加上一守門員。每隊六位球員在對手的半場區，四位球員在自己的半場，造成每半場六對四的情況。守門員各自在自己球門。不同的隊伍穿著不同顏色背心，使用一個球，建議在每個球門可以供應更多的球。

教練扮演供球者的角色，供球給進攻隊伍的六位球員中的一位球員。這位進攻球員嘗試著在四位防守者和守門員的半場區內射門得分，假如一位防守者贏得球權，他必須傳球給在對手半場區的隊友，開始進攻對手的球門。比賽20分鐘，採用正規的足球規則，得分較高的隊伍贏得比賽。

1.增加防守者難度
- 擴大場區面積。
- 增加中立進攻者，造成在防守半場七對四情況。

2.降低防守者難度
- 增加防守者，造成防守半場六對五的情況。

成功的檢查點
- 針對進攻點給予立即壓迫。
- 縮短來球之間的距離。
- 限制傳球選項。
- 進入補位和平衡的位置。

操作成功的給分
輸隊的成員＝3分

贏隊的成員＝5分

你的總分：＿＿＿＿＿

團隊防守練習六　阻斷發球

組織兩個隊伍，每隊八位球員和一位守門員。在正規的場區比賽，兩邊底線的中間放置標準球門，運用標記來界定越位線，距離每邊底線30碼處。兩隊成員站在兩邊的半場區內，必須是在兩邊越位線之間，每隊防守自己的球門，進攻對手的球門。

從場區的中間開踢，採用正規的足球規則，下列限制除外：進攻球員超越越位線，即使是在最後防守者之後也不算越位；防守球員在球尚未進入越位線和球門之間的區域之前，不能先行進入該區域。違反以上規則，擁有球權的球隊可以在防守隊員的最後陣線製造突破的情況。要避免這樣的情況，防守隊伍必須阻斷對手長傳至防守後方所需時間和空間。這裡所強調的是，針對進攻點給予立即的壓迫和防守的嚴密性來減少防守的空間。運用正規的得分方法，比賽25分鐘，得分較低的隊伍贏得比賽。

1. 增加防守隊伍難度
   - 增加兩位中立球員加入進攻隊伍，造成十對八的情況（進攻隊伍多兩位球員的優勢）。
2. 降低防守隊伍難度
   - 增加兩位中立球員加入防守隊伍，造成十對八的情況（防守隊伍多兩位球員的優勢）。

- 維持正規防守陣式。

- 針對進攻點給予立即壓迫，阻斷長傳。
- 針對第二位防守者嚴密補位。
- 離球較遠的防守者負責平衡。
- 防守球員壓縮防守區域。

輸隊的成員＝3分

贏隊的成員＝5分

你的總分：＿＿＿＿＿＿

團隊防守練習七　維持領先

比賽場區60碼寬、75碼長，在兩邊底線各放置一標準球門。組織一個十人球員的隊伍，另一個八人球員的隊伍，每一球門有一位守門員。使用一個球，建議每一球門供應更多的球。兩隊位於場區的不同半場，防守他們底線的球門。

八位球員的隊伍，首先以一比零的領先優勢開賽。十位球員的隊伍，首先持有球權。採用正規的足球規則，比賽時間10分鐘。八位球員的隊伍嘗試著確保1分的領先優勢，運用防守的策略，包括對著球給予立即壓迫、在球後方補位與平衡，以及防守的嚴謹性。當十位球員的隊伍，在10分鐘以內得分就贏得比賽。隊伍交換角色後（從十位球員的隊伍取出兩位球員，加入八位球員的隊伍）繼續比賽，防守隊員必須要整合，來阻斷進攻球員優勢的空間和時

間。特別強調的是，防守策略裡面針對進攻點壓迫、補位和防守的平衡。

1. 增加防守隊伍難度
   - 減少防守隊員至七人。
2. 降低防守隊伍難度
   - 縮小場區。
   - 增加防守隊員，造成十對九的情況。

- 針對進攻點給予壓迫。
- 整合後場的四位防守者。
- 進入補位和平衡的位置。
- 阻斷中間區域最危險的攻擊空間和射門。

輸的防守隊伍成員＝0分

贏的防守隊伍成員＝2分

你的總分：＿＿＿＿＿＿

單元十一　團隊的防守

在正常的場區比賽，兩邊的底線各有一標準球門，放置一列的標記代表場區的寬度，大約是在每邊底線的35碼處，將場區分成三區塊。組織兩個隊伍，每隊八位球員，每一球門有一位守門員，不同隊穿著不同顏色背心來區隔球隊，最少使用一個球，建議盡可能供應更多的球。

從場區中圈開踢，每隊防守自己的球門，進攻對手的球門。使用正規的足球規則，下列的變數例外：教練或助理教練扮演裁判的角色，每隔數分鐘就吹哨停止比賽，並且給予一隊在防守區（球門前的35碼處）直接自由球的判決。當直接踢自由球時，對手的成員必須留在中間區域，進攻的隊伍在踢自由球時必須使用長傳，長傳至防守隊伍的後方空間。防守的隊員在對手的隊員尚未進入防守區之前，不准進入該區。此時，防守隊員應該立即後退跑至他們的防守區，阻止對手的得分。守門員化解進攻隊伍的射門，進攻隊伍得1分，成功的射門得2分，失分較少的隊伍贏得比賽。

1.增加防守隊伍難度
- 將防守區的界線移至球門前40碼。

2.降低防守隊伍難度
- 縮小場區。

成功的檢查點
- 採用最直接的恢復路線，至球門邊的位置。
- 盡全力全速恢復跑。

操作成功的給分
輸隊的成員＝0分

贏隊的成員（失分較少）＝2分

你的總分：＿＿＿＿＿

守門員的角色

守門員在組織團隊防守時扮演著重要角色，守門員比起其他球隊的成員，是處於視野最佳的位置。從防守的優勢來看，守門員可以清晰的看到整個比賽進行的情形，隨著球賽的演變，能夠和場上的隊友傳遞有益的訊息。然而場上多餘的交談並不適當，適時的口頭領導可以是有價值的資產。守門員要完成他的角色任務，必須要對防守的策略有全盤的瞭解。守門員和場上隊友的溝通與領導，應該要能夠反射基本的策略。在發出領導的指令時，必須是堅決、肯定的語氣，因為賽場如戰場是沒有犯錯的空間。

足球
邁向卓越

成功的結論

團隊的防守策略，適用於所有比賽的制度和類別。他們的設計提供一個框架，可以整合個別球員來造就團隊的光芒。要建立一個強而有力的團隊防守，必須要在進攻點給予立即的壓迫，提供第一位防守者立即的補位，壓縮整個區塊，形成防守隊友之間有限的空間，限制進攻的選項，最後贏得球權，發動反攻。

團隊的合作，建立在一個堅固的團隊防守，必須是每一位球員在團隊的防守框架內，願意來完成每個人不同的角色，必須透過團隊反覆的練習才能達成目標。

在單元十一的團隊防守練習，包括一群隊友的通力合作，每一個練習都設計有團隊表現給分的機制。贏隊的所有球員得到同樣分數，輸隊的成員也得到同樣的分數，雖然這種評鑑辦法，並不能夠準確的反射弱隊中有才華球員的個人表現。分數代表的是團隊成員通力合作，充分運用團隊防守策略。教練可以觀察訓練的過程，並且提供整體表現的優缺點，給予特殊的回饋。在下列表格中記錄下的得分，加總起來就是團隊表現的評估結果。

團隊防守練習

1. 以球為導向的防守（5分裡面得＿＿＿分）
2. 填補場區的空檔（5分裡面得＿＿＿分）
3. 後場的比賽（5分裡面得＿＿＿分）
4. 減少防守人數（5分裡面得＿＿＿分）
5. 四對六轉移成六對四（5分裡面得＿＿＿分）
6. 阻斷發球（5分裡面得＿＿＿分）
7. 維持領先（2分裡面得＿＿＿分）
8. 球門邊的防守和恢復（2分裡面得＿＿＿分）

總分（34分裡面得＿＿＿分）

總分25分以上，表示你對於單元十一所討論的防守概念已非常熟稔。分數介於18～24分之間也算不錯，針對團隊的防守策略再加以練習，就可以前進至單元十二。至於17分以下者，表示隊友之間的默契尚待加強，反覆練習改善團隊的默契之後，就可以進入最後單元十二。

223

單元十二　認識球員的組織、角色和職責

球員比賽的體制，指的是場上十位球員的組織位置和職責。在我的經驗，經常被年輕的教練詢問到的問題是：你認為最好的比賽陣式是什麼？表面上來看好像是一個合理的問題，實際上並沒有絕對的答案，我認為最好的答案是要看場上的球員和對手而定。

從基本層面來看，足球比賽並不是陣式的問題。足球是和球員息息相關，包括球員的優勢、缺點、性格等。因此，我的球隊最適當的比賽體制，可能和你的球隊不相同，最佳的比賽陣式是能夠極大化球員的優勢，極小化或是隱藏球員的缺點，如此就能促成球隊成功的最佳時機。

世界上絕對沒有魔法，能夠將普普通通的球員轉變成絕佳的球員，或是將一個弱隊改造成一個強隊。假如一個球隊的隊員欠缺技術上和策略上的能力，那麼再好的比賽策略運用也是無效的。同樣的，任何的陣式都可能成功，主要是要看優秀的球員是否願意去承擔團隊架構裡自己的角色和職責。雖然比賽體制已提供了基本架構，並且界定團隊策略的起始點，但是這絕對不是最主要的焦點。在足球場上，個別球員的發展是球隊成功與否最重要的元素。

到目前為止，你所學習到的個人、團體和團隊策略，是適用於所有的系統。或許球員的角色和職責，在每一個系統會有差異。在團隊的系統裡，每位球員都扮演著清楚的角色，當然有些角色是比其他的角色較狹隘些；有些球員的攻守位置是相同的，卻被賦予不同的職責。例如：兩位球員都被稱為中場球員，但是卻負責不同的任務，一位是防守性的中場球員，主要的職責是要阻斷對手的攻勢；另一位或許是進攻的中場球員，負責發動攻勢，造成隊友的得分機會。要能夠達成這樣的目標需要團隊的合作表現，所有球員必須瞭解並接受體制內的個人角色。

在2010年世界盃足球賽和2012年的歐洲足球錦標賽，有些比賽陣式是許多球隊普遍使用的。大多數的球隊使用四位後場防守球員，分散在後場場區。一位或兩位的防守性中場球員，則位於四位防守者的前方。防守性的中場球員扮演著前方掃把腳的角色：主要的職責為防堵對手突破至防守區的中間，而且是中間防守者的掩護者，並且藉著準確的配球來發動攻勢。一位中場球員通常是在每邊邊線附近，負責進攻的寬度，另一位則賦予進攻的角色。在前鋒後面位置，大多數的球隊都是運用一或二位前鋒，但是也有一些球隊是運用三位前鋒。西班牙國家男子隊在2010年的世界盃和2012年的歐洲錦標賽，在關鍵時刻時事實上並沒有前鋒球員，這樣的陣式叫作4-6-0。大多數的球隊是採取區域防守或是區域盯人的組合，我之所以提到這些球隊陣式的差異，只是要強調沒有任何的比賽系統，是優於其他系統，只要正確的操作，都可能有極佳的效率。

組織系統

比賽的系統包括十位的場上球員和一位守門員。場上球員傳統上區分為後衛、中場和前鋒。造成不同陣式和球員職責的差異，在於如何運作場上的十位球員。在敘述一個比賽的體制時，第一個阿拉伯數字代表的是後衛，第二個數字代表的是中場，第三個數字代表著前鋒，守門員就不包括在這些數字上。

以下是過去二十五至三十年來，流行的比賽陣式。結論時將簡短的討論關於2010年的世界盃和2012年的歐洲錦標賽，所流行較新的陣式。

3-5-2體制

德國在1986年和1990年的世界盃一直使用3-5-2的排列組合（圖12.1），獲得很大的成功而且繼續的使用這樣的陣式。最原始的陣式內容包括

圖12.1　3-5-2體制

三位後衛和一位掃把腳位於兩位中間的盯人球員後方，今日許多球隊運用這種體制，通常將防守者在區域的補位上，當作後場的三位球員。

　　一位中場球員通常是直接站在後場三位球員的前面，扮演著防守角色，也是球隊的主力球員。主要的職責是防止對手運用傳球或帶球突破至防守的中央區塊，中場球員同時要負責其餘四位分散在場區的中場球員的補位工作。兩位在中間，其餘兩位在兩邊邊線。一位中間的中場球員通常擔任組織者的工作或是分配者，其他的隊友扮演進攻的角色。兩位前鋒球員發動攻勢。

　　要成功地運用3-5-2陣式，需要優質的邊線球員能夠遊走於全場的邊線。從這一頭移至另一頭，兩位前鋒球員必須是非常的積極、靈活，在場區內不斷的移位去接來自中場球員和防守者的傳球。整體來說，團隊在比賽關鍵時刻必須擁有球權來掌控比賽的節奏，並且讓邊線中場球員有足夠的時間移位去進攻。

4-4-2體制

　　從策略的觀點，3-5-2體制給予三位防守者巨大的職責來負責中場球員後方的空間補位。為了要減輕他們的負荷，團隊就將其中一位中場球員移至防守者的最後防線上，造成4-4-2的排列組合（圖12.2）。理論上有四位後衛在場的防守隊伍，更能有效地阻擋對手可

圖12.2　　4-4-2體制

用的空間。

　　當4-4-2體制剛出現時，大部分的球隊均使用一個掃把腳球員站在其他三位防守者的後方。今日大部分的球隊，則使用四名後衛擔當區域防守的職責。四位中場球員站在後場線的前方，其中一位中場球員沿著邊線移位，負責支援進攻的寬度，其他兩位中場球員站在中間的位置。兩位較有才華的內線中場球員應該互補：一位擔當進攻的角色，另一位則負責防守的角色。至於兩位前鋒球員的能力，也應該彼此互補，通常一位前鋒球員扮演著比較像是目標的角色，期待去接來自中間球員的傳球，

另一位前鋒球員通常扮演一個互補的角色，迅速移動至空檔的縫隙來接球，把防守的陣式擴大。

傳統上，邊線球員通常在進攻時的位置比較寬、高，這些球員很少後退去協助防守，也就是他們通常在4-4-2的體制缺席。真正的邊線球員已經被邊線中場球員取代，隊員會後退至他們的底線來防守持球的對手，然後在奪得球權時迅速向前移位去進攻，當邊線中場球員不能夠迅速的從防守轉移至進攻時，4-4-2體制只好以防守導向為主。

要成功地運用4-4-2體制，需要具備優質的中場球員能夠控球，並且能主導比賽的節奏。他也需要前鋒球員能在對手的壓迫下保有球權，一直到中場球員向前補位為止。當團隊擁有球權時，四位防守者應該要支援中場球員。中間防守者的主要角色是留在家裡負責防守工作，通常他們很少跑到後場。另一方面，邊線防守者負責更多的進攻角色，並且在適當的時間應該向前移位和中場隊友接合在一起，造成進攻球員的優勢。

4-3-3體制

4-3-3體制（圖12.3）主要是在強調隊員的移動能力、位置交換和猛烈進攻時，製造進攻和防守的平衡。四位防守者負責後場的防守，一位掃把腳在兩位邊線防守者的後方，三位中場球員負責控管中間三分之一的場區，可以有幾

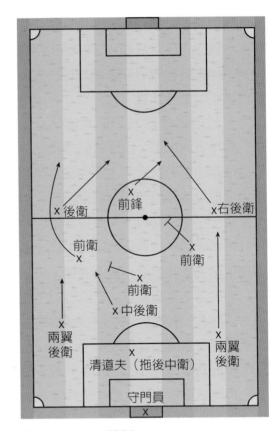

圖12.3　4-3-3體制

種不同的組織方式。

有些團隊他們運用三位中場球員排列在場區的一直線上，這樣的排列組合，中間的中場球員在這個體制上是關鍵球員，他必須是一位有創意的主導者，具備良好的傳球和帶球技巧，並且有能力向前移位射門得分。在防守端中間的中場球員必須是強壯的剷球者，並且具備空中的優勢。邊線的中場球員無論在進攻端或防守端，負責大場區的補位工作。

其他球隊會選擇運用一個或兩個中場球員來擔任防守的角色。其餘的中場

足球 邁向卓越

球員則負責擔任進攻的角色。這樣的排列組合，防守的中場球員站在後場線的中前方，進攻的中場球員通常在中間前鋒的下游遊走，主要負責配球給前鋒球員。這種類型的陣式，缺少真正的翼線中場球員，三位中場球員站在場中間，來掌控全場重要的區塊。

三位前鋒球員以4-3-3的攻勢展開進攻，中間的進攻者站在邊線附近，是所謂的兩翼球員，通常兩翼球員比較擅長帶球。譬如荷蘭的魯冰和威爾斯的吉格斯，他們都擅長於帶球突破對方的防守，來製造自己或隊友的得分機會。雖然許多球隊他們習慣運用兩翼球員，但也有其他球隊比較偏好運用兩翼球員結合中間的進攻者，這樣的球員組合，製造兩翼球員在適當的時間向前推進的空檔。以上兩個案例，三位前鋒必須要展現帶球和無球的絕佳動作，透過有智慧無球移位（第三位球員）和位置的交換，前鋒球員就可以製造中場球員和防守球員向前移動的空間。

要成功地運用4-3-3體制，所有場上的球員必須有良好的體能和熟練的技巧，而且能勝任不同的角色扮演。中場球員必須能夠適時的帶球向前推進去射門，扮演著進攻者或兩翼球員的角色。同樣地，兩邊邊線的防守者必須具備良好的球技和體能，去和中場球員會合，並向前推進進攻的位置。三位前鋒應該要運用對角線和弧圈跑來交換位置，而且要勝任中間進攻者和兩翼球員的角色。簡而言之，要有效的運用4-3-3體制，需要全面性的足球選手，他們在掌握比賽局勢時，願意勇於承擔不同的角色。

現今各種不同體制

主要的國際足球比賽，譬如世界盃、歐洲盃和聯邦盃，通常都是展現足球最先進的比賽型態與體制的櫥窗。掃描2010年世界盃和2012年的歐洲錦標賽，所有的比賽體制都建立在策略的靈活性，也就是團隊在比賽當下能夠迅速的改變比賽的策略。在國際競技場上，常見到在一場比賽中，從4-3-3變化到4-4-2，再變化到4-5-1（圖12.4）。

從最近2012年的歐洲盃錦標賽觀察到，最流行的比賽陣式是4-4-2和4-2-3-1。我們先前已討論4-4-2的體制，4-2-3-1被視為4-4-2的變形蟲。

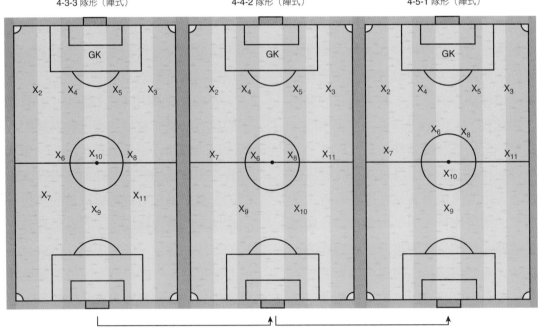

圖12.4　策略的靈活性；團隊在比賽中迅速變換球員的陣式

4-2-3-1體制

在國際比賽場合，4-2-3-1陣式事實上並不是創新的。大約十年前在西班牙已出現過，然而它在全球的廣泛流行是無庸置疑。現今的國家隊也都採用這個體制，四位後衛球員所負責的角色和職責，和4-4-2及4-3-3體制所要求的是一致的。中間的後衛球員留在自己的場區，來控管整個防守陣式；兩翼的後衛球員必須是優秀的一對一防守者，同時也具備向前進攻的能力（圖12.5）。

比賽場區的中場是配置兩位防守性的中場球員，站在四位後衛球員的前面，形成一道六位防守者的組合。兩位中場球員之一在擁有球權時，通常在高位向前帶球。三位中場球員分散在六位

圖12.5　4-2-3-1體制

球員集團的前面，通常在場區內排成一排。這幾位球員必須是有創意且活動力很強的進攻球員，他們能夠從退守的位置迅速向前推進來支援高位的進攻者。中間進攻者在4-2-3-1體制裡，必須是一位堅強的、技巧純熟的和活動力強的球員，也能夠快速發動攻勢。他必須在中場球員來支援前，有控球的長處和能力，而且也是一位優秀的射門球員。最典型的球員是德國的Gomez。

未來的體制

足球比賽不斷的進化中，我們也期待在每次主要的錦標賽，可以看到嶄新的陣式。教練們通常期待能夠得到少許的額外優勢，而轉變成球場上的成功。我深信未來幾年可以預見新的陣式，但乃要建立在單元十和單元十一的進攻和防守的基本策略上。防守的團隊都會嘗試著嚴密的防守，來限制對手可用的時間和空間。防守隊員迅速的退到球後面的位置，球員向內聚集來保護最危險的進攻區塊。當團隊擁有球權時，會嘗試著運用長傳和短傳的組合來降低壓力，並且造成對手的失衡。當隊員以最少的觸擊帶球前進時，比賽的速度和節奏會持續的增加，所以球員個人的活動力和技術水準就變得很重要。未來的體制和現今的最愛，真正的差異還是球員個人的角色和職責，這也是足球比賽絕對不會改變的事實。球員必須願意，也能夠接受比賽體制裡的特殊角色。當然球隊的整體表現，永遠要大於球員個人表現的總和。

邁向成功的溝通

足球場並不是一塊寧靜的地方，在比賽時，球員永遠處於和隊友不斷溝通的情況。口頭的領導能夠提供隊友在做決策時重要的訊息，這也是整個團隊的最大利益。當和隊友溝通時，請遵照下列指南：

1. 保持溝通言語的簡潔。
2. 提早發聲，讓隊友有足夠的反應時間。
3. 大聲清楚的說出來，或許你沒有再重複說話的時間。

團隊必須要使用標準化口頭信號，避免隊友間的誤解，以下的足球術語，所有的隊員必須要認識和瞭解。當你的球隊擁有球權時，隊友之間運用的口頭信號是：

1. 「有鬼」當隊友要接球前，對手從身後企圖抄球，這樣的話語會提醒隊員接球前準備護球的動作，並且能夠遠離防守者的守備空間。
2. 「轉身」告訴隊友在接球時，有足夠的空間來轉身接球。
3. 「一次觸擊」通知你的隊友傳球

時，運用一次觸擊。

4.「抓住球」通知隊友在支援球員未抵達前，必須護球。

5.「裝傻」當你希望隊友滾地傳球給你。

6.「換」意味著一個長傳至場區的另一邊，來改變進攻點。

當對手擁有球權時，隊友之間運用口頭信號是：

1.「緊盯」告訴隊友要盯住對手。

2.「向前跨步」通知隊友壓縮自己和持球對手的空間。

3.「貼近」通知隊友緊縮兩人之間的距離。

4.「跑者」提醒隊友有一對方球員穿越防守後方朝著對角線移動。

有經驗的球員通常除了運用口頭的指令之外，也運用眼神來與隊友溝通。這些信號包括告訴隊友你想要的傳球位置，或是你希望隊友移位的方向。和隊友之間的溝通也可以更微妙，瞬間的遙望某個方向，或是點點頭，可以提醒隊友你要求的欲望。

演練比賽體制的團隊組織練習

比賽體制對於球隊來說，只是一個開端。一旦比賽開始，所有場上球員就進入不斷變遷的情境；事實上，假如每位球員都遵守團隊進攻和團隊防守的原則，所有的體制在比賽運作上看似雷同，唯一的差異是球員個人的角色和職責。對於個別體制的演練，是沒有特殊的練習方法。總之，隊友間可以互相運用假想對手的方法，來熟練各種不同組合的隊形和動作。

團隊組織練習一　團隊進攻的假想敵練習

練習時運用正規場地和球門，選擇4-4-2體制，球員在半場內按此隊形排列，守門員站在球門前，教練站在離球門約30碼處負責供球。教練首先傳球給守門員，守門員立刻傳球給中場球員，發動團隊攻勢帶球前進至無人防守的對方球門起腳射門得分。不要牽涉任何防守球員，專注在朝著球門進攻的動作組合。以四分之三的速度展開練習，逐漸地強化比賽時的速度。每位球員限制三次觸擊以下的傳、接球和射門，以便加速球的移動和流暢。每次射門得分後，球員歸位，教練供球。以比賽速度重複練習三十次，每次成功射門得1分。

1.增加進攻隊伍難度

• 增加六位防守球員來防守進攻隊。

2.降低難度

• 在不設防下，以半速帶球進攻。

成功的檢查點	操作成功的給分
• 確保進攻隊形的深度和廣度。 • 提供持球員短傳的選項。 • 經常變換進攻點。 • 調整球與隊友動作相關位置。	0～19次成功射門無失誤＝1分 20～24次成功射門無失誤＝3分 25～30次成功射門無失誤＝5分 你的總分：＿＿＿＿＿

團隊組織練習二　團隊防守的假想敵練習

運用與團隊進攻的假想敵練習相同的組織結構，加入一支對手團隊來練習。一隊負責防守球門，對手在另一半場位置。

對手守門員首先傳球給隊友，隊友通力合作組織進攻，帶球至前場起腳射門。進攻球員傳、接球時，只准三次以下的觸擊。

防守球員通力合作，阻斷對手的突破和大角度射門，並能奪回球權；如影隨形壓迫對手空間，並阻斷其突破前進，可以試著去抄截，但絕不要去剷球。

進攻隊伍每次射門成功得1分，每次射門或重拾球權後，立刻回復至對手的守門員狀態，重複練習。以比賽速度重複三十次練習。

1.增加防守隊伍難度
• 八位防守球員來防守（十對八）。

2.降低防守者難度
• 進攻隊伍只用七位球員，造成十位防守球員對抗七位進攻球員的防守優勢。

成功的檢查點
• 確定壓迫、補位和平衡的位置。 • 縮小球員間的空間，確保團隊的堅實。 • 處於阻斷對手突破與傳球路徑的位置。 • 預判對手的動向，抄截傳球。

操作成功的給分
未能防守10次以上射門＝1分 未能防守6～9次射門＝3分 未能防守0～5次射門＝5分 你的總分：＿＿＿＿＿

成功的結論

每一種比賽體制均有其優點和缺點，教練的職責是選擇最適合球隊的體制，能夠充分展現球員優點，極小化球員缺點；身為一位球員就必須熟悉球隊的比賽體制，明瞭和接受自己的角色，創造球隊整體的利多，勇敢承擔責任，

必定會給自己帶來機會以及球隊的成功。

發展至此，你已經準備好去完成在球隊中的重要角色。單元十二介紹整個球隊的團隊合作，對於球員個人表現分數很難決定，每一練習針對團隊表現都有評分機制。同隊每一球員得分皆相同，教練可以對個別球員的優點、缺點給予較特殊的回饋。在下列表格記錄下個人得分，加總起來就是團隊在執行各種比賽體制的表現評估。

團隊組織練習

1. 團隊進攻的假想敵練習（5分裡面得_____分）

2. 團隊防守的假想敵練習（5分裡面得_____分）

總分（10分裡面得_____分）

團隊總分來自球隊在各種比賽體制演練的結果，通常團隊每次練習的平均分數至少3分。得分少於3分，表示球隊未熟悉比賽體制在進攻端與防守端的運作。首先確定球隊想要的比賽體制，反覆演練一直到所有動作都變成常規為止，正如諺語：「完美練習才會有完美表現」。

作者簡介

喬易‧路克舍巴克博士（Joe Luxbacher, PhD）的足球身分或教練資歷遠超過三十年，他擁有健康、體適能和競技運動領域的博士學位，是健康、體適能和競技運動方面的專家。他曾經是職業和大學的足球選手，打過北美足球聯盟（North American Soccer League）、美國足球聯盟（American Soccer League）與室內足球大聯盟（Major Indoor Soccer League）等球隊，目前是美國匹茲堡大學（University of Pittsburgh）男子足球隊的總教練。他從1984年開始擔任總教練迄今，球隊在美國大學運動聯盟一級的比賽中贏球超過兩百場。

廣受美國足壇教練和球員的敬重。路克舍巴克博士兩次當選美國大東運動聯盟（Big East Conference）年度最佳教練，他也是美國足球協會認證的足球教練。1995年入主貝德林運動俱樂部（Beadling Sports Club）名

人堂，2002年入主阿帕聖德克拉兒高中運動名人堂（Upper St. Clair High School Athletic Hall of Fame），2005年入主西賓州運動名人堂（Western Pennsylvania Sports Hall of Fame），2003年入選為匹茲堡大學名人榜（University of Pittsburgh Letterman of Distinction）。

路克舍巴克博士是射門得分足球學院（Shoot to Score Soccer Academy）創辦人和教練委員會主任，主要是辦理足球教育營隊、研習會與七至十八歲球員錦標賽，每年成千上萬的年輕球員參加射門得分足球學院舉辦的活動（見www.shoot2score.net.），他也出書與製作一系列的足球書籍和光碟。

路克舍巴克博士的太太格而（Gail）、女兒伊麗莎（Eliza）和兒子催秘詩（Travis），居住在美國賓州的匹茲堡市。

國家圖書館出版品預行編目資料

足球：邁向卓越／Joseph A. Luxbacher著；
許明彰譯. ——初版.——臺北市：五南，
2016.11
　面；　公分
譯自：Soccer:steps to success
ISBN 978-957-11-8896-6（平裝）
1.足球
528.951　　　　　　　　　　105019664

5C14

足球：邁向卓越

作　　者— Joseph A.Luxbacher

策　　劃— 國家運動訓練中心

主　　編— 邱炳坤

譯　　者— 許明彰

發 行 人— 楊榮川

總 編 輯— 王翠華

主　　編— 陳念祖

責任編輯— 陳俐君　李敏華

封面設計— 陳翰陞

出 版 者— 五南圖書出版股份有限公司

地　　址：106台北市大安區和平東路二段339號4樓

電　　話：(02)2705-5066　　傳　　真：(02)2706-6100

網　　址：http://www.wunan.com.tw

電子郵件：wunan@wunan.com.tw

劃撥帳號：01068953

戶　　名：五南圖書出版股份有限公司

法律顧問　林勝安律師事務所　林勝安律師

出版日期　2016年11月初版一刷

定　　價　新臺幣510元